범해선사시집
梵海禪師詩集

동국대학교 불교기록문화유산아카이브사업단(ABC)
본서는 문화체육관광부 지원으로 동국대학교 불교학술원에서 간행하였습니다.

한글본 한국불교전서 조선 56
범해선사시집

2020년 6월 20일 초판 1쇄 인쇄
2020년 6월 30일 초판 1쇄 발행

지은이 범해 각안
옮긴이 김재희
펴낸이 윤성이
펴낸곳 동국대학교출판부

주소 04620 서울시 중구 필동로 1길 30
전화 02-2260-3483~4
팩스 02-2268-7851
Homepage http://dgpress.dongguk.edu
E-mail book@dongguk.edu
출판등록 제2-163(1973. 6. 28)
편집디자인 동국대학교출판부
인쇄처 네오프린텍(주)

ⓒ 2020, 동국대학교(불교학술원)

ISBN 978-89-7801-980-4 93220

값 23,000원

이 책의 무단 전재나 복제 행위는 저작권법 제98조에 따라 처벌받게 됩니다.

한글본 한국불교전서 조선 56

범해선사시집
梵海禪師詩集

범해 각안梵海覺岸
김재희 옮김

동국대학교출판부

범해선사시집梵海禪師詩集 해제

이 종 찬

동국대학교 국어국문 · 문예창작학부 명예교수

1. 개요

『범해선사시집梵海禪師詩集』은 범해 각안梵海覺岸(1820~1896)의 시집이다. 선사의 제자인 금명 보정錦溟寶鼎(1861~1930)이 쓴 발문에 보면 범해 선사가 입적한 지 20년 후인 1916년(병진)에 선사의 법손에 해당하는 인월印月과 완월玩月 두 스님이 이 시집을 가지고 와서 인쇄할 뜻을 알려 다음 해 봄에 시에 식견이 많은 송태회宋泰會에게 보이고 서문을 부탁하였으며, 송태회의 서문을 얻어 1917년 신문관新文館에서 활자로 간행하였다고 한다. 시집에 대한 보정의 발문이『범해선사문집梵海禪師文集』말미에 있는 것을 보면 시집은 『범해선사문집』과 동시에 편집, 출간되었던 것이 아닐까 추측된다.

2. 저자

범해 선사의 행적에 대해서는 『범해선사문집』 말미에 「행장」이 수록되어 있어 상세히 살필 수 있다. 선사의 이름은 각안覺岸이고 자는 여환如幻, 호는 범해梵海인데 자와 호에 대한 설명은 그의 〈자찬自贊〉 첫 구에 제시되어 있는 "覺者彼岸。梵王法海。"에서 유래한 것으로 이해된다.

조선 순조 20년(1820) 6월 15일생이고 고종 33년(1896) 12월 26일 입적하니 세수 77세, 법랍法臘 64년이다. 속성은 최씨崔氏이며 최치원崔致遠의 후손으로 호남 청해淸海의 범진梵津 사람이라 하였으니, 그의 호를 범해라 함이 단순히 불자로서의 의미만이 아니라 출신과도 관련이 있었던 것으로 이해된다.

어머니 성산 배씨星山裵氏가 연못의 흰 물고기 꿈을 꾸고 잉태했는데, 태어난 아기의 다리에 반작거리는 흰 무늬가 있어 이름을 어언魚堰이라 했으나 물고기는 본성적으로 싫어했다 한다.

14세에 두륜산 대둔사大芚寺의 호의縞衣 선사에게 출가하고, 16세에 하의荷衣 선사에게 수계하였으며, 또 초의艸衣 율사에게 구족계를 받았다. 시집에 있는 〈삼의가三衣歌〉는 이 세 스승을 기린 노래이다. 그 밖에 문암聞庵, 운거雲居, 응화應化의 종사들에게 참여하여 배웠고, 유교의 전적을 요옹蓼翁 이李 선생에게 익혔다 한다.

27세에 호의 선사의 인가를 받아 법당을 열고 진불암眞佛庵과 상원암上院庵을 보리법장菩提法場으로 삼아 강설을 폈으니, 유불선 삼교 학인들의 교부敎父이고 12종사十二宗師의 법손法孫으로 인정되었다.

선사는 1844년 방장산(지리산)을 시작으로, 1873년과 1875년에는 각각 제주도와 한양의 삼각산, 송악의 준령, 평양의 명승, 묘향산의 보현암 등 명산대천과 명찰의 강석을 두루 유람하였다. 이러한 세 차례의 유람을 통해 포부를 넓히니 이로부터 사람들이 보지 않아도 메아리처럼 호응하고 벗들은 부르지 않아도 구름처럼 모여들었다.

이상은 「행장」에 기록된 대강이다. 이 밖에 선사의 편찬인 『동사열전東師列傳』 4권 말미의 「자서전自序傳」에는 유람했던 장소의 이름을 하나도 빠

짐없이 기록한 듯한 아주 상세한 노정기가 있으니, 이런 점은 어쩌면 기행문의 표본이라는 인상을 갖게 할 뿐만 아니라, 선사의 행적을 살피는 데 더없이 좋은 자료라 하겠다.

전법傳法의 수수 관계에 대해서는 수은자受恩者 2인, 수사미계자受沙彌戒者 23인, 전교자傳敎者 3인, 전선자傳禪者 81인이라 하여 자신과의 사승師承 관계를 밝히고 있는데, 선사의 「행장」을 서술한 찬의讚儀도 '나를 따라 배운 동도자(隨我學侶)'로 기록하고 있다. 이로 본다면 찬의가 서술한 선사의 「행장」은 선사의 자술인 「자서전」을 바탕으로 쓴 글임을 알게 한다.

「행장」에 기록된 선사의 저술은 『경훈기警訓記』, 『유교경기遺敎經記』, 『사십이장경기四十二章經記』, 『사략기史略記』, 『통감기通鑑記』, 『진보기眞寶記』, 『박의기博議記』, 『사비기四碑記』, 『명수집名數集』, 『동시선東詩選』 각 1권과 『동사전東師傳』 4권, 시고詩稿 2권, 문고文稿 2권 등이다. 여기에 하나 의아한 점이 있으니, 『동사전』을 4권이라 함이다. 현전하는 『동사열전』은 6권이고, 선사의 「자서전」은 4권 말미에 있으니, 이는 현전하는 『동사열전』의 내용이 모두 선사의 편찬인가 하는 의아심을 갖게 한다. 선사께서는 4권까지 찬술했고 그 뒤의 2권은 후속 제자의 보완이 아닌가 하는 의문이 생기는 것이다. 선사가 입적한 지 21년 뒤인 1917년에 제자 찬의가 서술한 「행장」에도 4권이라 하였고, 「자서전」이 4권 말미에 있는 점은 선사가 편찬한 『동사열전』이 4권이고, 그 후의 2권은 제자들의 보완이 아닌가 여겨진다. 『동사열전』에 수록된 인물 중 선사의 입적 이후 인물이 있다는 점도 이런 추론을 뒷받침하게 한다. 선사의 제자인 금명 보정도 『조계고승전曹溪高僧傳』을 1920년에 편찬하였으니, 보정이 스승의 저술을 보완하면서 조계종의 고승만을 따로 편찬한 것은 아닌가 하는 조심스러운 추론을 하게 된다.

선사의 인물평은 「행장」을 쓴 찬의의 "마음은 하늘을 거스르지 않았고 낮은 사람에게 부끄러움이 없었다.(心不逆天。面不愧人。)"라는 말로 대신한다. 열반하기 전날 선사가 문인들을 불러 놓고 전한 열반송을 소개하면 다음과 같다.

여러 인연을 그릇 인식한 지 77년	妄認諸緣稀七年
창봉의 사업도 모두 망연하구나	窓蜂事業總茫然
문득 피안에 올라 시운 따라 소요하니	忽登彼岸騰騰運
비로소 바다 위 물거품임을 깨닫네	始覺浮漚海上圓

3. 서지 사항

『범해선사시집』은 자매지라 할 수 있는 『범해선사문집』과 함께 저자인 범해 선사가 작고한 지 20년 후인 1916년에 편찬하여 다음 해인 1917년 신문관에서 활자본으로 간행되었다. 본 해제의 저본은 동국대학교에서 편집한 『한국불교전서韓國佛敎全書』 10책에 수록된 것이다.

편집을 주관했던 제자인 보정의 발문에 따르면, 범해 선사의 법손이 되는 인월과 완월이 4권인 2책을 가지고 와서 교열을 부탁하였으며, 보정은 송태회에게 품평과 서문을 부탁하였고, 곧 자신의 제자 주완섭朱完燮에게 명하여 바로 등사하게 하였다고 한다.

4. 내용과 성격

1) 구성

본 시집은 2권으로 구성되어 있다. 권1에는 시 102편, 권2에는 시 68편과 장편시 6편이 있다. 보유편補遺篇인 「범해유집 보유」에 오언절구 19편, 오언율시 19편, 칠언절구 56편, 칠언율시 22편이 수록되어 있으니 모두 292편인 셈이다.

2) 내용

시집에는 상대와 주고받은 수창시가 많은데 동도자同道者에게는 수창하기보다는 일방적으로 주는 시가 많은 것 같다. 방외자인 유자儒者와의 수창에는 저쪽에서 보내온 시에 화답한 것이 많은데, 특히 주목되는 것은 이런 경우 거의 원시原詩도 함께 수록되어 있다는 점이다. 이는 어쩌면 당시 사회 지도층인 관리나 유자에 대한 예의적 배려가 아니었나 하는 생각도 든다. 조선조 스님들의 시문집에서 방외자인 유자와의 수창에는 상대방이 전해 온 원시를 수록한 경우가 많이 있는 것도 이러한 배려였을 것이다. 필자가 조선 중기의 시인 동악東岳 이안눌李安訥(1571~1637)과 운곡 충휘雲谷冲徽(?~1613)의 수창시를 살핀 적이 있는데, 『운곡집』에는 동악과 수창한 원시가 거의 다 수록되어 있는 데 비해 『동악집』에는 운곡의 수창시가 없음을 확인하였다. 일반 유자들의 문집에는 수창자인 승려의 원시를 수록하는 경우가 거의 없는 것이 보편적인 현상이었다.

3) 성격

이 항에서 시집의 격을 엿보아야 하겠는데, 이는 필자로서는 감당하기 외람되나 나름대로 내용을 더듬어 보겠다.

시집 맨 앞부분을 장식한 〈석옥 화상 산거시를 차운하다(次石屋和尙山居詩)〉는 태고 보우太古普愚 화상에게 전도한 석옥 청공石屋淸珙의 산거시에 차운한 것이다. 고려 말의 삼가三家라 하는 백운白雲, 태고太古, 나옹懶翁

화상이 모두 산거시를 남기고 있음은 이 석옥 화상의 영향일 수도 있는데, 이런 맥락에서 범해 선사도 이 시를 지었고 편집자도 이 시를 맨 앞에 실은 것이 아닐까. 바로 그러한 실증이 12수 말미의 "우러러 높은 시 외람되이 화답하니, 심향 한 심지 차가운 화로에 꽂는다.(仰和高吟貂續是。心香一炷揷寒爐)"가 이를 입증한다 하겠다.

위에서도 언급했듯이 선사의 시에는 수창시가 많은데 그중에서도 수답시(酬答詩)보다는 수증시가 많다. 그것은 동도자 선후배에게는 주로 수증시가 많기 때문이고 수답의 경우는 방외자인 유자와의 수창일 경우가 많기 때문이다. 여기서 우선 수증시에 해당할 동도자에게 주는 시를 살펴보자.

남아의 입지 산같이 무거워야 하느니	男兒立志如山重
세세한 생각은 드러내지 말지어다	細碎思量勿露形
본성 선하면 어찌 율장을 지니며	性善誰能持律藏
마음 어질면 어찌 꼭 효경을 배우랴	心仁何必學孝經
솔 소리도 오히려 관현악보다 낫고	松琴猶勝管絃樂
청라의 달빛도 부귀영화 가름하느니	蘿月足該富貴榮
생애가 너무 담박하다 이르지 말라	莫道生涯澹泊甚
예로부터 준걸은 한길을 걸었나니	由來俊傑一門行

〈준원에게 주다(贈俊圓)〉이다. 내용으로 보아 제자일 듯하다. 자기의 진실한 본성을 알고 마음이 어질기만 하다면 구태여 율장이니 효경이니 하는 것에 의지할 필요가 없다는 말이다. 자연 물상의 아름다움이 오히려 진리임을 암시하며 담박한 삶을 외길로 삼아 정진하라는 당부이다. 선사의 수증시에서 후배에게 해당할 이에게 주는 시는 거의가 경계와 정진을 당부함이 상례였던 것으로 보인다.

"청산과 녹수에 생애가 넉넉하니, 홍진 벗어나 조사의 관문 향하라.(靑

山綠水生涯足。莫向紅塵向祖闕。)"(〈영순에게 주다〉)라든가, "세간의 무한한 작태를 범하면, 북탑의 바라이 피하지 못하리.(若犯世間無限態。難逃北塔波羅夷。)"(〈인학을 훈계하다〉)라고 하는 것과 같은 권계의 결론이 많다.

때로는 함께 힘써 보자는 동도자의 당부도 흔하다.

"월출산 마주하고 불자 세워 앉으니, 천 리 먼 길 납자들 모두 귀의하네.(月出山前竪拂坐。同風千里盡歸依。)"(〈태연의 시를 차운하다〉), 그리고 "화엄의 큰 바다를 함께 배로 건너니, 어부의 창화하는 노랫소리 정겹구나.(華嚴大海同舟渡。欸乃一聲唱和親。)"(〈부흔에게 화답하다〉), 또 "원컨대 여러 도반과 함께 수행하여, 큰 도를 이루어 미혹된 중생 구하기를.(願共得名諸伴侶。同成大道救迷情。)"(〈해연의 시를 차운하다〉)이라고 하는 등 반려자들과 함께 노력하려는 포부도 보인다.

다음은 방외인인 유자와의 수창을 보자.

불일이 선명한 날 초려에 모여서	佛日鮮明會草廬
난간에 기대니 성긴 대나무 그림자	憑欄竹樹綠陰踈
모래톱 마을 구름 갠 후 나무꾼 피리	沙村樵笛雲歸後
길손 이르니 시내 절의 재 종소리	溪寺齋鍾客到餘
그늘에서 술잔 기울이며 춤을 추고	就蔭傾盃因作舞
시내 굽어보며 밥 짓고 책을 본다	臨流炊飯更看書
그윽한 회포 마지기 전에 산님 저무니	幽懷未畢山林暮
풍연 거두어 담고 부처님의 집 떠난다	收拾風烟謝佛居

원 제목이 〈부사 백겸산, 책실 백다천, 허소치와 함께 시냇가 절에 놀다(府使白蒹山冊室白茶泉許小痴共遊溪寺【四月八日】)〉이다. 사월 초파일 부처님 오신 날에 부사와 함께 모인 여러 사람이 시를 함께 읊은 것이다. 자리를 함께했던 세 사람의 시도 함께 수록되어 있다. 여기서는 허소치의 시만 들

어 본다.

동풍에 태수의 수레 숲속 초막 이르니	東風皂盖到林廬
주인의 생계는 담박하기만 하구나	自是主人生計疎
개울가의 흰 구름 손님을 맞이하고	溪上白雲迎客後
뜰의 붉은 작약 가는 봄을 꾸미네	園中紅藥殿春餘
명승지라 예로부터 천석이 넉넉하고	勝區從古饒泉石
맑은 정치는 원래 부서가 적은 법	明政原來少簿書
오늘 불탄일 맞아 흥취가 각별하니	値此佛辰應別趣
다시 자리 옮겨 승사에 앉으리라	更敎移席坐僧居

　길을 달리하는 처지이지만 마음만은 통할 수 있는 지기知己의 벗일 수도 있다. 이럴 때 주고받는 시는 이념을 뛰어넘어 삶의 진정이 무르익은 예술적 작품일 뿐이다. 산사의 풍경을 동경하는가 하면 관아의 실무에 번잡함이 없도록 다스리는 관원의 소탈함도 기린다.
　문자도 거부하는(不立文字) 선사들의 처지에서 시문의 기록 자체가 불필요한 일인데, 다만 이는 마음과 마음으로 전해지는 동도자에게 가능한 일이지, 방외자인 속인에게는 언어·문자를 배제하고 이념이든 인정이든 전할 길이 없음이 사실이다. 이럴 때 되도록 절약된 표현으로 전할 수 있다는 점에서 시詩라는 짧은 형식이 적합했던 것이다.
　더구나 조선조 사회에서 유가와 불가라는 구역의 선이 엄격했던 시기에는 이러한 시적 교류로 막혀 있는 구획선을 넘나들었던 것이다. 조선조 스님들의 문집이 고려 시대와 달리 '어록語錄'이 아닌 '문집文集'으로 편찬된 것도 유가와의 거리를 허물려는 의도적 구성이 있었기 때문이리라 생각된다. 승려의 시집 중에 유가와의 수창에 상대방인 유가의 원시原詩를 함께 편집하는 의도도 여기에 있었을 것으로 추측된다.

위 시에서 "그늘에서 술잔 기울이며 춤을 추고, 시내 굽어보며 밥 짓고 책을 본다.(就陰傾盃因作舞。臨流炊飯更看書。)"라고 한 범해 선사의 전구轉句와 이에 상응하는 다천茶泉의 "맑은 시내에 잔 씻어 술 따르고, 향기로운 풀 자리 삼아 서책을 읽네.(淸溪洗盞因傾酒。芳草爲茵又看書。)"라는 구절은 두 사람이 버무린 한 그릇의 음식과 같아, 유·불이라는 이념적 차이나 산과 도시라는 공간적 거리를 느낄 수 없다.

이러한 승속의 거리감이 없는 상황의 절정이 속인의 죽음에 가는 상여를 붙잡는 만사輓詞일 것이다. 〈이송파를 애도하다(挽李松坡)〉에서는 승속과 생사의 경계를 허무는 한 인간의 소탈한 심경을 잘 드러내고 있다.

차 달이며 시운 화답한 지 몇 해인가	煎茶和韻幾多年
모두 동파의 옛 인연 이었다 여겼네	人謂東坡續舊緣
귀 기울여도 다시는 맑은 소리 없어	傾耳更無淸耳語
책을 펴다가도 다시 덮으며 슬퍼하네	展書反有掩書憐
남방의 높은 선비 어디로 가시었나	南方高士歸何處
북두의 기운으로 태어나 저 하늘 향했네	北斗降生向彼天
녹음 짙은 좋은 계절 빈자리 공허하니	綠漲佳時虛一座
슬픈 바람 우는 시내에 안개만 흐를 뿐	風愁澗咽但流煙

삶과 죽음으로 다시 이을 수 없는 정을 절핍하게 드러내있다. 스님들의 이러한 수사법이 유·불이라는 엄격한 거리를 좁혀 주었던 것이다. 스님이기 이전에 시인의 한 분으로 평가되어 어긋남이 없을 것이다.

그 밖에 서경시敍景詩의 대표적인 것으로, 제주도를 소재로 한 〈영주 십경瀛洲十景〉과 두륜산을 소재로 한 〈두륜산 십경(頭輪十景)〉을 들 수 있다.

이 밖에 '고풍장편古風長篇'에 있는 노래 형식의 장가長歌 몇 편이 주목된다. 〈삼의가三衣歌〉는 선사의 세 스승을 노래한 것이며, 대사의 출가사인

호의縞衣, 수계사인 하의荷衣, 구족계사인 초의艸衣를 말한다.

〈인물가人物歌〉는 104구의 장시이다. 역대 선사들의 행적을 2구로 요약한 형식이니, 이는 어쩌면 『동사열전』의 자매편이라 해야 할 듯하다. 다만 『동사열전』은 삼국시대부터 근대까지 아우르나, 〈인물가〉는 근대에 국한함이 다를 뿐이다.

〈산수가山水歌〉도 104구의 장편으로, 대흥사를 중심으로 한 산수의 빼어남을 노래한 것이 아닌가 한다. 그 밖에 〈다가茶歌〉에서는 대사의 차 애호와 차와 관련된 배경지식을 파악할 수 있다.

보유편은 다양한 소재의 시가 수록되어 있는데, 순수시가 다수로서 시의 격조를 가늠하기 좋은 자료이다.

5. 가치

이 시집은 19세기 말 불교계의 문사라 이를 만한 작가로서 남겨 놓은 시집이기에 당시 승려들의 문학 생활을 엿보기에 좋은 자료이다. 대사는 『동사열전』을 통해 승려의 역사적 맥락을 짚은 저술가이면서, 승속을 넘나드는 저작 활동이 이념적 편협성을 벗어난 한 시대의 문사라 하겠다. 더구나 그의 문하에서 법통을 이었다고 할 수 있는 금명 보정錦溟寶鼎의 왕성한 저술 활동은 스승인 범해 선사의 영향으로 짐작된다. 보정의 『조계고승전』이 대사의 『동사열전』 내용을 보완하고 있는 것은 그 한 예이다. 범해 각안에서 금명 보정으로 이어지는 법맥은 학맥學脈으로 해석해도 어긋나지 않을 것이다.

6. 참고 자료

범해 각안, 『東師列傳』, 『한국불교전서』 제10책, 동국대학교출판부.
금명 보정, 『曹溪高僧傳』, 『한국불교전서』 제11책, 동국대학교출판부.
금명 보정, 『茶松詩稿』, 『한국불교전서』 제11책, 동국대학교출판부.
금명 보정, 『茶松文稿』, 『한국불교전서』 제11책, 동국대학교출판부.
이종찬, 「연원을 세우기에 몸 바친 범해」, 『한국불가시문학사론』, 불광
　　　출판부, 1993.

차례

범해선사시집梵海禪師詩集 해제 / 5
일러두기 / 27
범해시고 서문 梵海詩稿叙 / 29

주 / 32

범해선사시집 제1권 梵海禪師詩集 第一

시詩 1-102편

석옥 화상 산거시를 차운하다 次石屋和尙山居詩【十二首】 35
김도암을 보내며 送金道巖 40
조신암의 시에 차운하다 次趙信庵 41
김호은의 시에 차운하다 次金湖隱 42
초의 선사를 애도하다 挽草衣禪師 43
열한 곳 암자의 이름 十一庵號 44
김금사에게 화답하다 和金錦史 45
흥운 선백을 보내다 送興雲禪伯 46
손 좌수를 애도하다 挽孫座首【二】 47
준원에게 주다 贈俊圓 48
관 선사의 시에 차운하다 次寬禪 49
부흔에게 화답하다 和富昕 50
재연의 시에 차운하다 次在演 51
필훤에게 주다 贈弼喧 52
인학을 훈계하다 戒仁學 53
재환을 보내며 送在煥 54
태연의 시에 차운하다 次泰演 55
전의를 보내며 送典毅 56
해언의 시에 차운하다 次海彦 57
선유에게 답하다 答善裕 58

처운을 축하하다 賀處耘 ········ 59
응현을 이별하다 別應玄 ········ 60
영순에게 주다 贈永淳 ········ 61
영준에게 주다 贈英俊 ········ 62
진학에게 답하다 答進學 ········ 63
경화에게 주다 贈璟華 ········ 64
영찬에게 주다 贈永贊 ········ 65
정치은에게 화답하다 和鄭痴隱 ········ 66
최매은, 임취정, 강제호와 함께 화답하다 與崔林姜共和 ········ 67
최매은, 임취정, 강제호와 함께 나운의 청담 운에~ 與崔林姜共次羅云淸潭韻 ········ 68
쌍계사에 도착하여 到雙溪 ········ 70
개울가 절에서 감흥이 일어 溪寺興感 ········ 71
수옥계에 놀다 遊漱玉溪 ········ 72
용악 스님 시축에 쓰다 題龍岳師詩軸 ········ 73
관음굴에 쓰다 題觀音窟 ········ 74
원호에서 세선을 보다 院湖觀稅船 ········ 75
파초화芭蕉花 ········ 76
채제암을 보내며 送蔡霽巖 ········ 77
처음 학질에 걸리다 超瘧 ········ 78
강매오 운에 차하다 次姜梅塢韻 ········ 79
서울의 어머니 조씨를 애도하다 挽瑞律母趙氏 ········ 80
안 산림을 애도하다 挽安山林【二】 ········ 81
정기를 훈계하다 訓正己 ········ 82
이학봉을 애도하다 挽李鶴峯 ········ 83
김 호군을 애도하다 挽金護軍 ········ 84
칠성암의 시운을 차하다 次七星庵韻 ········ 85
영해를 건너며 越瀛海 ········ 86
강용운이 시를 요구하다 姜龍雲求詩 ········ 87
삼성혈三姓穴 ········ 88
연신각의 시운을 차하다 次戀宸閣韻 ········ 89
대정읍 회고 大靜懷古 ········ 90
정의현 동헌의 시운을 차하다 次旌義東軒韻 ········ 91

연북정의 김청음 선생 시운을 차하다 次戀北亭金淸陰先生韻 92
계정 개사에게 주다 與戒定開士 93
궁예성을 지나며 過弓裔城 94
천보루의 시운을 차하다 次天保樓韻 95
화암사 운을 차하다 次花巖寺韻 96
일로향실一爐香室 97
자미화紫微花 98
삼가 신백파 선생이 주신 시에 차운하다 謹次申白坡先生贈韻 99
백파, 송파 두 노인과 함께 북암에 올라 운을 띄워 白坡松坡兩老共上北庵拈韻 100
인호 김 사인을 애도하다 挽仁湖金斯人 102
은적암 나그넷길 客隱跡【二】 103
스스로를 탄식한 연구 自嘆聯句 104
황반계에 화답하다 和黃磻溪 105
김옥산 진사의 시운을 차하다 次金玉山進士 106
결제일에 홀로 앉아 結制獨坐 107
종이배에 쓰다 題紙船 108
저녁에 벽파를 건너다 夜渡碧波 109
김구암을 보내며 送金搆庵 110
쌍계사에 쓰다 題雙溪 111
탄보묘 현판의 시운을 차하다 次誕報廟板上韻 112
조계암 현판의 시운을 차하다 次曹溪庵板上韻 113
모연을 다니며 募緣行 114
부사 백겸산, 책실 백다천, 허소치와~ 府使白蒹山册室白茶泉許小痴共~ 115
기연 상인에게 주다 贈奇衍上人 117
이송파에게 화답하다 和李松坡 118
강선대降仙臺 119
동야를 그리며 憶東野 120
광신에게 부치다 寄廣信 121
미선尾扇 122
선우에게 주다 與善愚 123
은적사에 쓰다 題隱跡寺 124
영산 선백을 늦게 추모하다 追挽影山禪伯 125

나무 염주 송 木念珠頌 126
암행어사 심난소를 모시고 陪繡衣沈蘭沼 127
대월루의 시운을 차하다 次對月樓韻 128
양백오와 함께 화답하다 與梁栢塢共和 129
관호재의 시운을 차하다 次觀湖齋韻 130
응화 강주를 애도하다 挽應化講主 131
백오재의 운을 차하다 次栢塢齋韻 132
기운 상인에게 주다 贈奇雲上人 133
원해 강백에게 주다 贈圓海講伯 134
보정 상인에게 주다 贈寶鼎上人 135
단양端陽 136
승주로 돌아가는 법해 장로를 보내며 送法海長老歸昇州 137
청봉 장로에게 주다 贈淸峰長老 138
무위 형을 애도하다 挽無爲兄 139
구곡九曲 140
구대九臺 141
기정 상인에게 주다 贈奇正上人 142
견성암에 올라 삼가 이 어사 돈상의 시운을~ 上見性庵謹次李御使敦相韻【二】 143

주 / 144

범해선사시집 제2권 梵海禪師詩集 第二

시詩 2-68편

목환자 천념불 木槵子千念佛 157
한양 안기선에게 화답하다 和漢陽安期仙 158
무설천無說泉 159
봉화에게 주다 贈奉和 160
재현에게 주다 贈在玄 161
근학에게 주다 贈謹學 162
찬민 소사에게 주다 與贊敏小師 163

동일 상인에게 주다 贈東一上人 164
익운 상인에게 주다 贈翼雲上人 165
운포 이 사백의 시운을 차하다 次雲圃李詞伯韻 166
적련암에 거처하며 居赤蓮庵 167
이송파를 애도하다 挽李松坡 168
영산화映山花 169
조 사백의 운에 화하다 和曹詞伯韻 170
쾌년각에 쓰다 題快年閣 171
윤송하에게 화답하다 和尹松下 172
영주 십경瀛洲十景 173
두륜산 십경 頭輪十景 177
조인조에게 주다 贈曹仁祚 180
처감 상인에게 주다 贈處鑑上人 181
유위계와 이별하며 奉別劉葦溪 182
재윤 상인에게 주다 贈在允上人 183
응하를 이별하며 別應河 184
범해당에 쓰다 題梵海堂 185
염객 장 비장, 김 학관과 함께 화답하다 廉客張裨將金學官共和 186
법한 상인法翰上人 187
찬의 상인讚儀上人 188
『법화경』을 설하다 說法華經 189
『유마경』을 읽고 讀維摩經 190
북암을 방문하다 訪北庵 191
천우에게 주다 贈天祐 192
근환의 시축 운을 차하다 次謹煥軸韻 193
근호의 시축 운을 차하다 次謹浩軸韻 194
윤해고의 운을 차하다 次尹海皐韻 195
최석치의 운을 차하다 次崔石痴韻 196
수상 이 공 용관의 시운에 화답하다 和水相李公容觀韻 197
수상 규태가 남암에서 든 운을 창화하다 唱和水相圭泰南庵拈韻【五】 199
삼가 수상의 시운에 화답하다 奉和水相韻 202
운담 장로의 담 자 운을 차하여 쓰다 次題雲潭長老潭韻 203

홍파 상인에게 주다 贈洪波上人 204
최석치의 시운을 차하다 次崔石痴 205
석행 상인에게 주다 贈錫幸上人 206
민 공과 창화하다 唱和閔公 207
경원에게 주다 遺敬元 208
인화에게 주다 遺仁和 209
구오사미 인정을 보내며 送仁正驅烏沙彌 210
행각하는 순화에게 주다 與順和行脚 211
김만취가 준 시운을 차하다 次金晚翠贈韻 212
박노하가 준 시운을 삼가 차하다 謹次朴蘆河贈韻 213
천 아사에게 부치다 寄千雅士 214
조 만호를 애도하다 挽曹萬戶 215
회광 장로에게 주다 贈晦光長老 216
월여 선백을 애도하다 挽月如禪伯 217
청하 장로를 애도하다 挽靑霞長老 218
임남고와 전송촌을 이별하며 別林南皐田松村 219
쾌년각 뜰의 영산홍 快年閣庭映山紅 220
삼가 조 시찰사의 유산시 운을 차하다 謹次曹視察使遊山韻 221
박매계에게 주다 贈朴梅溪 222
조행탄과 윤백은의 월야 시운을 차하다 和趙杏綻尹白隱月夜韻 223
최유재, 김소운, 김미방에게 화답하다 和崔裕齋金小雲金米舫 224
행영을 그리며 思行英 225
차운하여 연순의 시축에 적다 次題延淳軸 226
태우 상인의 시운을 차하다 次泰愚上人韻 227
지운 상인에게 주다 贈志運上人 228
김송남의 임우 시운에 화답하다 和金松南霖雨韻 229
기문 스님을 보내며 送綺紋師 230
다시 옛 암자에 거처하며 再居古庵 231
박 처사를 만나 逢朴處士 232

고풍장편古風長篇 - 6편
삼의가三衣歌 233

참외를 얻고 느낌이 일어 得瓜興感 ……… 235
관비부도貫碑浮屠 ……… 237
인물가人物歌 ……… 238
산수가山水歌 ……… 243
다가茶歌 ……… 248

주 / 250

범해유집 보유梵海遺集補遺

오언절구五言絶句−19편
완호 조사의 비를 세우다 立玩虎祖師碑 ……… 261
느낌이 일어 興感 ……… 262
강석에서 講席 ……… 263
원호에 큰 바람이 일다 院湖大風 ……… 264
병인년의 원망 丙寅怨 ……… 265
제주 대정군 도원리로 가는 도중에 濟州大靜郡桃源里途中 ……… 266
남원 관왕묘南原關王廟 ……… 267
광한루廣寒樓 ……… 268
가을날 홀로 앉아 秋日獨坐 ……… 269
은해사 백흥암 무흡 상인을 생각하며 憶銀海寺白興庵武洽上人 ……… 270
완도 원동에서 묵다 宿莞島院洞 ……… 271
진도군 조도珍島郡鳥島 ……… 272
옥도玉島 ……… 273
석남도石南島 ……… 274
가을 목단 秋牧丹 ……… 275
장미 풀 薔草 ……… 276
황귤黃橘 ……… 277
선암사『대각국사집』을 보고 나서 閱仙巖寺大覺國師集 ……… 278
술회 회문述懷回文 ……… 279

오언율시 五言律-19편

허만택에게 주다 贈許萬澤 280
침계루枕溪樓 281
송광사 임경당松廣寺臨鏡堂 282
초의의 차 草衣茶 283
학잠 십운學箴十韻 284
남대의 가을 풍경 南臺秋觀 285
하태도의 윤성문을 보내며 送下台島尹成文 286
석왕사로 돌아가는 순성 상인을 보내며 贈順成上人歸釋王寺 287
저녁에 돌아오다 暮歸 288
건제체建除體 289
팔음체八音體 290
영산홍映山紅 291
목단화牧丹花 292
옥매화玉梅花 293
저녁 새가 울다 夜鳥鳴 294
만일암挽日庵 295
다시 보운각에 들어와 再入寶運閣 296
고운 체 題眞筵 297
보길도의 서암 甫吉島書巖 298

칠언절구 七言絶句-56편

『사기』를 읽고 讀史紀 299
수로왕릉을 지나며 過首露王陵 300
통도사 자장굴의 금개구리 通度寺慈藏窟金蛙 301
칠석七夕 302
어부漁父 303
두륜봉頭輪峰 304
바람을 쓰다 題風 305
우물의 물고기 井魚 306
김여종을 조롱하다 嘲金汝鍾 307
태평화太平花 308

봉선화鳳仙花 309
금낭화錦囊花 310
청허집淸虛集 311
간신론諫臣論 312
『가어』에서 실궁 이야기를 보고 見家語失弓 313
집닭 家鷄 314
산 꿩 山雉 315
주장자拄杖子 316
동리사 필연 상인을 이별하며 別桐裏寺弼演上人 317
만일암 잡영挽日庵雜咏【四首】 318
김내열에게 화답하다 和金乃烈【六首】 319
추분秋分 321
김운옹 선생께 화답하다 和金雲翁先生 322
눈길을 가다 雪中行 323
남미륵암 잡영 南彌勒雜詠【三首】 324
강동의 사정 江東沙亭 325
꽃 언덕의 잡영 花塢雜咏【六首】 326
박우곡에게 화답하다 和朴愚谷 328
홍해의 객점에서 묵다 宿洪海店 329
상주의 침산 이 처사에게 주다 贈尙州枕山李處士 330
제주에 들어가다 入濟州 331
애월진의 명천에서 목욕하다 浴涯月鎭明泉 332
대정 산방굴사大靜山房窟寺 333
금강산 마하연金剛山摩訶衍 334
경기도 덕사의 용암 화상 京畿德寺庸庵和尙 335
백련사 만경루白蓮社萬景樓 336
신백파 선생과 함께 북대에 오르다 共申白坡先生登北臺 337
금도에서 묵다 宿金島 338
처서날 가뭄 끝에 비가 오다 處暑旱雨 339
김용에게 보이다 示金龍 40
초의 장로가 그린 〈십팔나한도〉에 쓰다 題草衣長老畵十八羅漢圖 341
『사십이장경』과 『유교경』 2경의 합부에 쓰다 題章教二經合部 342

「사십이장경 과평」에 쓰다 題四十二經科評 343
「유교경 과평」에 쓰다 題遺敎經科評 344
「경책문 과평」에 쓰다 題警策文科評 345
『삼경 합부 과기』 회향 三經合部科記回向 346
허소치 〈괴석도〉에 쓰다 題許小痴恠石圖 347
금월 화상을 애도하다 挽錦月和尙 348
남파 화상을 애도하다 挽南坡和尙 349
장남사에게 화답하다 和張藍史 350
재윤 사미에게 사위의의 송을 주다 贈在允沙彌四威儀頌 351
영산홍과 생지황의 빠진 구절을 채우다 足映山紅生地黃落句 352
경상도 진해를 지나며 過慶尙鎭海 353
하동 칠불암 河東七佛菴 354
은진 관촉사 恩津觀燭 355
능주 운주동 綾州運舟洞 356

칠언율시 七言律 – 22편

두륜산월가 頭輪山月歌 357
진도의 봉화대 珍島峯火 358
훤초 萱草 359
도갑사 대운 상인을 보내며 送道岬寺大雲上人 360
장흥 보림사 長興寶林寺 361
두륜산의 비전 頭輪山碑殿 362
진도 김용은을 보내다 送珍島金龍殷 363
삼가 만일암 초의 선사 운을 차하다 謹次挽日庵艸衣師韻 364
공북대 拱北臺 365
진남대 鎭南臺 366
해남 군수 이동루, 책실 정유상과 북암에~ 海南倅李東樓冊室丁維桑登北庵共和 367
철선 화상을 애도하다 挽鐵船和尙 369
미황사 상수암 美黃寺上岫菴 370
성도암 成道菴 371
진주 촉석루 晋州矗石樓 372
제주를 건너려고 배를 띄우다 渡濟州放船 373

제주 관덕정濟州觀德亭 374
직산 홍경사稷山弘慶寺 375
전주 견훤성全州甄萱城 376
동복 물염정同福勿染亭 377
남고사 만경대南固寺萬景臺 378
강진 백련사康津白蓮社 379

범해선사시집 후발梵海禪師詩集後跋 / 380

주 / 382

찾아보기 / 392

일러두기

1 '한글본 한국불교전서'는 문화체육관광부의 지원을 받아 동국대학교 불교학술원에서 수행하고 있는 '불교기록문화유산아카이브(ABC)사업'의 결과물을 출간한 것이다.

2 이 책은 『한국불교전서』(동국대학교출판부 간행) 제10책 『범해선사시집梵海禪師詩集』을 번역하였다.

3 번역문에 이어 원문을 병기하고 간단한 표점 부호를 삽입하였다.

4 원문은 『한국불교전서』를 기본으로 하되 그 저본이 되는 목판본을 대교하여 제시하였다. 역자의 교감 내용에서 '저본'이라 함은 『한국불교전서』의 저본(신문관 발행 연활자본)을 말한다.

5 원문의 교감 사항은 번역문의 미주와 별도로 원문 아래 부분에 제시하였다.
㉮은 『한국불교전서』 편찬자가 교감한 내용이다.
㉭은 번역자가 교감한 내용이다.

6 약물은 다음과 같다.
『 』: 서명
「 」: 편명, 산문 작품
〈 〉: 시 작품

범해시고 서문

　도에 뜻을 둔 자는 진실로 시를 달갑게 여기지 않는다. 하물며 정법을 추구하여 선열禪悅을 즐기는 자는 달가워하지 않을 뿐만 아니라 반드시 기어綺語를 경계 삼아 금지하는 것이다. 그러나 옛날은 말할 것도 없고 근세의 스님들로 사대부의 반열을 따라 교유하는 이들은 대개 모두 시편에 의탁하여 창화唱和를 구하여 소소하게 스스로 기뻐하는 듯하니 고고枯槁하고 침적沈寂하여 스스로 그 답답하고 막힌 마음을 펼칠 길이 없어서 그러한 것이거나, 그렇지 않으면 참선하고 계율을 지키는 여가에 선정의 고요함과 지혜의 빛이 사물을 만나 거울처럼 비추며 큰 종과 경쇠가 손을 따라 소리를 울리는 것과 같아서 무슨 연유인지 알지 못하고 표현하는 것일 것이다. 그렇다면 어찌 기어를 경계한다고 하여 즐겨 하지 않을 것인가.
　대흥사 범해 선사는 일찍 출가하여 학문의 연원을 강론하고 종문의 세행을 갖추어 공문空門의 명가가 되었다. 이윽고 사방을 유람하여 기달산怾怛山(금강산), 방장산方丈山(지리산), 영해瀛海(제주도), 묘향산妙香山으로부터 큰 도읍과 강과 산의 누대에 이르기까지 기인이나 문인의 무리를 만나면 마음을 기울여 말을 토하고 경계를 마주하면 정을 펼쳤다. 혹은 초연히 홀로 가며 혹은 기쁘게 수창하기도 하여 그윽하게 거처하고 유연하게 생각하며 항상 애쓰며 한 해를 마치었다. 평생에 지은 시 몇 편을 그 문도門

徒가 간행하고자 함에 금명 강백錦溟講伯을 통하여 나에게 한마디 말을 청하였다.

내가 생각하니 남방의 강학에서 세상에 뛰어난 것은 반드시 대흥사를 으뜸으로 꼽는다. 이 때문에 12분 종사의 많고 성대함에 이르렀다. 스님은 삼의三衣[1]의 뒤를 이어 그 자취를 실추시키지 아니하였고 빛나는 명성이 흠모할 만하니 설사 그 시가 뛰어나지 못하다 할지라도 부족함이 없는데 이제 여러 작품들이 충담衷澹하고 진밀縝密하여 조금도 방일放逸하지 않으니 이것으로도 그의 심법心法을 헤아려 볼 수 있다.

아, 물과 달처럼 비추고 종과 경쇠처럼 응하여 울리니 스님은 과연 무슨 연유인지 모르고 자연스레 표현하는 것이로다. 그러나 훗날에 이 시를 읽는 이가 만약 그 선정과 지계持戒의 심법을 고찰하지 않고 다만 연운烟雲과 화월花月의 지엽을 읊는 것만을 본다면 이 어찌 범해 스님이 그 문도들에게 바라는 것이겠는가.

구력舊曆 정사년(1917) 늦봄 염재 거사念齋居士 송태회宋泰會가 길상산방吉祥山房에서 쓰다.

梵海詩稿叙[1)]

志道者。固不屑于詩。況求正法而味禪悅者。當不惟不屑。必以綺語爲之戒而苟禁也。然在昔無論。近世緇流。得以遊從於卿士大夫之列者。率皆託諸詩什。擬求嚶鳴。有若沾沾自喜。抑枯槁沉寂苦。無以自宣其堙鬱而然歟。即不然。而以求禪持戒之餘。怳然如定水慧月。遇物鑑照。錚然如洪鍾大磬。觸手應聲。而不自知其何由而發。則是豈綺語之可戒而不屑爲也哉。大興寺梵海禪師。早自落髮。講學淵源。戒具宗脉。爲空門名家。旣而作四方遊。怵怛方丈瀛海妙香。以至通都大邑江山樓臺之勝。畸人韻士之類。莫不傾心吐辭。對境抒情。或超然而孤逞。或驩然而唱酬。闇然而處。悠然而思。常兀兀而窮年。生平所著詩。凡若干篇。其門徒將壽諸梓。介錦溟講伯。請余有一言。余惟念南方講學。傑然世出。必以大興。屈一指故。至有十二宗師之多且盛。師承三衣之後。不墜緒餘。聲光可挹。設其詩不工。已足自在。今諸作衷澹而縝密。無少放逸。即此而亦可想其心法。嗚呼鑑之如水月。應之如鍾磬。師果不自知其何由而發之者歟。然後之讀此者。若不攷其求禪持戒之心法。只觀其諷詠於烟雲花月之末而已。則此豈梵師之所望於其門徒也哉。

舊曆丁巳暮春。念齋居士宋泰會書吉祥山房。

---

1) ㉑ 저본은 신문관新文館 발행 연활자본(鉛印本)이다.

■ 주

1 삼의三衣 : 호의縞衣(1778~1868), 하의荷衣(1779~1852), 초의草衣(1786~1865) 세 분 선사를 말한다.

범해선사시집 제1권
| 梵海禪師詩集 第一 |

두륜산 환여 각안 지음
頭輪山 幻如覺岸 著

석옥 화상¹ 산거시를 차운하다 【12수】
次石屋和尚山居詩【十二首】

[1]
높은 암자 하나 서쪽 향해 자리하여	一座高庵位面西
누각 오르면 작은 시냇물 소리 들리네	登樓聽得細流溪
골짜기는 얕은 것 싫어 깊이 열려 있고	洞能嫌淺谽谺闢
봉우리는 겸손한 듯 낮게 이어져 있네	峰自讓尊崱屴低
푸른 섬돌 화사한 꽃에 벌은 이슬 따고	碧砌花明蜂挹露
노란 뜰 비 개자 제비는 진흙 뭉치네	黃庭雨霽燕團泥
구름 깊은 무성한 숲 맑은 그늘 아래	雲深樹密淸陰下
좋은 새 무심히 여기저기서 지저귀네	好鳥忘機左右啼

[2]
무리 중에 좌선하나 관문 뚫지 못하고	自坐衆中未透關
도를 묻고 돌아가는 납자들 바라보네	縱觀衲子問津還
천산 멀리 늙은 스승과 어버이 생각하니	千山極目師親老
만사에 마음 식어 자나 깨나 한가하다	萬事灰心寤寐閒
지팡이 놓고 주인 없는 시내에 옷 세탁하고	放杖洗衣無主水

---

1) ㉮ '詩一' 두 자는 편자가 보입하였다.

광주리 들고 막는 이 없는 산에 나물 캐네 　　　　携筐采菜不禁山
일마[2]와 같은 천지 사이에 부침하노라니 　　　　浮沉一馬乾坤裡
비로소 의연히 세간을 벗어난 것 깨닫네 　　　　始覺依然出世間

[3]
시냇물로 차 달여 벗을 불러 나누니 　　　　汲澗煎茶喚友分
집 가득 차 향기에 정이 넘치는구나 　　　　情林密勿滿堂薰
구두점 평론하며 초학자 깨우쳐 주고 　　　　評論句讀砭新學
시문 섭렵하며 예 들던 것 증험하네 　　　　涉獵篇章證舊聞
도량 깨끗이 쓸고 나서 빈 배 채우고 　　　　淨除道場充空肚
방장실 활짝 열어 구름 사이 앉노라 　　　　通開方丈坐孤雲
지극한 즐거움 여기에 있음 알았나니 　　　　已知至樂箇中在
우습구나 세상일에 분주한 이들이여 　　　　可笑云爲陌上奔

[4]
작은 뜰 세찬 비에 새 모래 까니 　　　　小庭雨激布新沙
쓸쓸한 사립문 푸른 등라 덮였네 　　　　岑寂柴門鎖碧蘿
옛적 쌓은 연못에 때때로 목욕하고 　　　　舊築池塘時一浴
새로 연 채마밭에 세 번씩 들른다 　　　　新開場圃日三過
세상일 싫어 은거한 지 오래인데 　　　　頗厭世事隱身久
사랑스런 산새만 마음의 벗이라네 　　　　慣愛山禽知己多
게송 읊어 혼침한 마음 보내고자 　　　　欲遣昏沉吟偈頌
괜스레 창 앞에서 벼루에 먹을 간다 　　　　謾將硯墨趁窓磨

[5]
수 칸 난야의 높은 누대 오르니 　　　　數間蘭若御高臺

환화와 같은 신선세계가 열렸다	幻化乾坤壺裡開
스님은 붉은 비 헤치며 막 이르고	暫到僧披紅雨到
샘은 흰 구름 가에서 항상 흐른다	恒來泉自白雲來
명승 찾은 길손 머물러 도를 듣고	尋眞野客留聞道
짝 잃은 산새는 슬픔을 호소하네	失耦山禽向告哀
헌 납의로 몸 가리며 여름 맞으니	破衲掩身炎節至
새 옷 재단할 형편 어렵기만 하네	雖然如是勢難裁

[6]

남대와 북악이 모두 나의 집	南臺北岳盡吾家
천진함을 지키며 해를 보낸다	只守天眞度歲華
청라의 달빛과 솔바람이 벗이요	蘿月松風爲伴侶
책상과 차 부엌만이 살림살이라	經床茶竈作生涯
작은 선방 아래에서 오마[3]를 알고	三條椽下知吳馬
작은 선상 앞에서 잔사[4]를 깨닫네	七尺單前覺盞蛇
잎 지고 꽃 피어 봄가을 이르니	葉落花開春秋至
가지엔 짝을 부르는 까마귀뿐	但看喚友擇枝鴉

[7]

사람들은 다 덕과 사업 갖추었는데	人皆德業備多層
게으름으로 말하면 내가 으뜸일세	以懶言之我自能
우물 파니 하늘 통해 달빛 어리고	泐井通天沈白月
처마는 땅에 닿아 붉은 넝쿨 걸렸네	矮簷著地掛紅藤
어찌 영예 구하는 손님 교유하며	若交信向榮名客
어찌 잘못 찾아온 학승들 맞으랴	寧納誤尋問字僧
자그만 연못에 흐르는 물 가득한데	一眼小池流水滿

제방 꽃 언덕 버들에 마름 풀 떴네 　　　　　堤花岸柳又蘋菱

[8]
시냇가 은거하니 마음도 청정해 　　　　　考槃在澗一心澄
동서남북 흐름 따라 소요하노라 　　　　　南北東西任運騰
독경으로 눈은 점차 어두워지고 　　　　　眼困披經明漸縮
흐르는 세월에 흰머리만 늘었구나 　　　　鬢因閱歲白將增
운거[5]의 강단은 더욱 그립고 　　　　　　講筵馳想雲居塾
월출산 스님과 차 얘기 잊기 어렵네 　　　茶話難忘月出僧
세상 사람들의 온갖 자태 굽어보니 　　　　俯念群生千萬態
함께 지내는 이의 다정함 소중하다 　　　　堪憐同住有多情

[9]
하찮은 명성과 이익 자랑 말지니 　　　　　單名片利莫矜誇
그윽한 곳에 졸렬함 지킴만 못하리 　　　　不若幽居守拙家
길 양쪽으론 군자의 나무 우뚝하고 　　　　路挾亭亭君子樹
시냇가엔 만다라화가 화사하구나 　　　　　溪流灼灼曼陁花
난초 샘은 숲속 우물에 쏟아지고 　　　　　蘭泉迸瀉穿林井
오동나무 달은 모래톱 밝게 비추네 　　　　梧月和明布地沙
홀로 방초 가운데 산책하노라니 　　　　　獨自相羊芳草裡
가사 자락에 가벼운 노을 젖는다 　　　　　七斤衣角滿輕霞

[10]
14세에 불도를 알고 찾아 나서[6] 　　　　二七方知竺道尋
지금까지 40년을 총림에서 늙었네 　　　　於今四十老叢林
고향에 가지 않아 친척도 잊었는데 　　　　罕行鄉里忘親戚

산천은 자주 올라 속속들이 안다네　　　　　　頻涉山川識淺深
초가 반 칸에 의발을 용납하고　　　　　　　　茅屋半區容衣鉢
선어록 몇 권으로 세월을 보낸다　　　　　　　禪經數卷度光陰
출가의 법도가 무어냐고 한다면　　　　　　　出家榜樣如何是
마음 일깨워 도를 찾는다고 하리　　　　　　　抖擻人心覓道心

[11]

세상일 모두 이치로 헤아려 보니　　　　　　　世事摠將物理推
영허성쇠가 한 판의 바둑이라　　　　　　　　盈虛乃是一盤碁
탐욕으로 조상 멸하면 전날을 보존 못하고　　貪婪滅祖無前保
충효를 후손에 전하면 훗날에 알려지리　　　　忠孝貽孫有後知
죽음 초월한 세계로 돌아가는 들짐승 기쁘고　隨喜獸歸超死界
방생된 연못에서 늙어 가는 물고기 찬탄하네　贊歎魚老放生池
소리와 티끌 없어 천산이 고요하니　　　　　　聲塵不到千巖靜
독경하며 뜻을 체득하기 좋을 때로다　　　　　正好看經得意時

[12]

그윽한 거처 규모도 좋게 얻으니　　　　　　　幽居已得好規模
날마다 운서 보며 시제를 드노라　　　　　　　逐日拈題襬韻圖
옥로⁷의 서풍은 풀방석에 불어오고　　　　　　屋老禪風吹草座
노 공⁸의 정진은 산 부엌 가득하네　　　　　　盧公精進滿山廚
기연 일찍 지어 말 오히려 신랄하고　　　　　奇緣早作言猶辣
풍경 늦게 담아 격조 절로 메마르네　　　　　散景晚收格自枯
우러러 높은 시 외람되이 화답하니⁹　　　　　仰和高吟貂續是
심향 한 심지 차가운 화로에 꽂는다　　　　　心香一炷挿寒爐

김도암을 보내며
送金道巖

두건 쓰고 홀로 백운 가를 거닐어	巾衣獨步白雲邊
바라보니 학을 희롱하는 신선일세	正眼看來弄鶴仙
한담을 나누니 속세의 기미 없고	閒話曾無塵世氣
맑은 유람 비로소 범궁의 인연 맺었네	淸游始有梵宮緣
불경 읽고 붓 놀리며 병통 다스리고	轉經走筆攻痡矣
돌로 이 닦고 물에 누워[10] 호연지기 기르네	漱石枕流養浩然
그대 호남의 청해부[11]로 돌아가거든	歸去湖南淸海府
이곳 살림살이 사람들에게 전해 주소	此間活計向人傳

조신암의 시에 차운하다
次趙信庵

두륜의 산세 남녘 하늘 우뚝 솟아	頭輪岳勢極南天
온 나라 사대부의 발걸음 이어지네	一國靑衿冠盖連
진실로 광풍제월의 경계를 이어서	露月光風眞續後
은구와 철색[12]의 솜씨 앞을 다투네	銀鉤鐵索正爭先
쟁반엔 발우 남겨 은명[13]을 지키고	盤留瓦鉢恩命守
아름다운 시구는 보배로 전해지네	口吐瓊琚珍寶傳
한유와 태전의 의별[14]보다 나으니	勝彼韓顚衣別事
산승의 속 들추어 시 지어 바치네	掀然蔬腹獻標詮

김호은의 시에 차운하다
次金湖隱

호은의 맑은 풍격 원근이 노래하니	湖隱光風遠近歌
물외에 맑게 노닐어 도심이 넘친다	淸遊物外道心多
천지의 생양하는 이치 또렷이 보고	諦觀天地好生養
고금을 담소하며 자타를 논하누나	誠笑古今論自他
고요한 밤 경포대 어부의 노랫소리	鏡浦漁謳三更靜
사시사철 화기 넘치는 선계의 들판	仙區野色四時和
태평주를 마시고 그윽한 별장 누우니	能呑醻酒幽庄臥
기상은 의연히 만경창파처럼 넓구나	氣像依然萬頃波

초의 선사를 애도하다
挽草衣禪師

여래선과 조사선을	如來禪及祖師禪
당시에 함께 운용해 현인들에게 응했네	雙運當時應運賢
일찍 초당에 은거하여 국화를 따고	曾隱草堂餐陶菊
만년엔 보각 거처하며 연꽃 사랑했네	晚居寶閣愛周蓮
삼천리강산 백성의 부모 되었고	爲人父母三千里
우리 불문의 동량 노릇 한 지 80년	作我棟樑八十年
잎은 뿌리에 돌아가고 산은 적막한데	葉落歸根山寂寞
해동 천지에 짚신 한 짝[15]만 전해지네	海東天地一鞋傳

열한 곳 암자의 이름
十一庵號

심진암 가는 곳 청신암 솟아 있고	尋眞去處起淸神
동강암 이르니 신월암 반갑네	行到東岡新月親
명적암은 쓸쓸하고 심적암 적막한데	明寂蕭條深寂寞
적련암은 꽃 피어 수레와 배 이끄네	赤蓮爛漫導船輪
진불암 내려가니 꽃비 내려 찬탄하고	降臨眞佛雨花贊
남미륵암 우뚝 서고 만일암 높구나	特立南彌挽日竣[1]
북탑암은 하늘 높이로 허공세계 있으니	北塔齊天空界在
산 암자 열하나 바라보니 새롭구나	山庵十一望中新

---

1) 옙 '竣'은 '峻'의 오기인 듯하다.

김금사에게 화답하다
和金錦史

요망한 마가 틈입하니 온 산이 비고	妖魔間闖一山空
돌길도 황량하여 오랫동안 막혔네	石徑荒凉久不通
선탑 쓸어 마주하니 하루해도 짧았고	掃榻承顏長日短
차 달여 가까이 앉으니 작은 방도 넓었네	煎茶促膝小房洪
숲의 따스한 기운은 무심히 푸르고	浮林暖氣無心碧
언덕 가득한 꽃은 다정하게 붉구나	滿塢花情有意紅
시경과 담소하는 집 둘 다 갖추었는데	詩境談軒雙具足
함께 얘기 못 나누니 피차 한스러우리	逢場不似恨應同

흥운 선백을 보내다
送興雲禪伯

학처럼 맑고 야윈 나그네 있으니　　　　有客淸枯似鶴形
법호는 흥운이요 이름은 승한이라　　　　興雲爲號勝閑名
심양성에서 안에서는 호승의 절에 머물렀고　瀋陽城裏留胡寺
산해관 앞에서는 제경[16]을 바라보았네　　山海關前望帝京
머리엔 자관 쓰고 행실은 소박하며　　　　頂戴紫冠行撿素
주머니엔 금부처 모셔 빛이 나누나　　　　囊安金佛放光明
올가을 만나 참되고 오묘함 알았으니　　　今秋邂逅知眞妙
오래도록 잊지 않으려 시를 지었네　　　　欲久無忘句自成

손 좌수를 애도하다 [2수]
挽孫座首【二】

[1]
이 세상 올 때 한바탕 청풍 일더니　　　　來時一陣淸風起
떠나는 날엔 경쾌한 쑥대 같구나　　　　　去日猶如慶快蓬
자손은 슬픔에 땅을 치며 통곡하고　　　　兒孫感情叩地叫
개와 닭도 의지 잃어 하늘 보고 운다　　　狗鷄失料仰天噰
관음과 세지 미타를 알현할 것이요　　　　觀音勢至彌陁見
초의와 매소 선사 그대 잘 만나리라　　　　草衣梅巢君善逢
고을의 노소가 모두 기약하고 모여　　　　鄕中老少皆期會
상여 잡고 보내니 지는 해만 붉구나　　　　執紼送歸落日紅

[2]
돌밭과 초가집에서 천명을 즐기고　　　　石田茅屋樂天人
호연지기 잘 기르니 맹자의 이웃일세　　　善養浩然孟氏隣
덕은 상서로운 바람 타고 멀리 떨쳤고　　　德與祥風遐邇振
명성은 밝은 달 따라 해산에 원만했네　　　聲隨明月海山輪
불법에 귀의하여 공경히 공부하였고　　　　歸依佛法修功敬
관아에서 일하며 인으로 정시 도왔네　　　遂事衙官補政仁
친소를 모두 덧없는 이슬에 부치니　　　　都附親踈薤露境
몸은 묻혔으나 자성은 항상 새롭구나　　　身雖就木性常新

준원에게 주다
贈俊圓

남아의 입지 산같이 무거워야 하느니	男兒立志如山重
세세한 생각은 드러내지 말지어다	細碎思量勿露形
본성 선하면 어찌 율장을 지니며	性善誰能持律藏
마음 어질면 어찌 꼭 효경을 배우랴	心仁何必學孝經
솔 소리도 오히려 관현악보다 낫고	松琴猶勝管絃樂
청라의 달빛도 부귀영화 가름하느니	蘿月足該富貴榮
생애가 너무 담박하다 이르지 말라	莫道生涯澹泊甚
예로부터 준걸은 한길을 걸었나니	由來俊傑一門行

관 선사의 시에 차운하다
次寬禪

명가 다 참배하고 마지막에 찾아 주니	叅盡名家最後尋
인연의 도탑고 엷음을 오늘에야 알리	因緣厚薄可知今
긴 봄을 자유롭게 장춘동에서 보내며	長春浪送長春洞
불법의 바다에서 범해의 마음 구하네	梵海勤求梵海心
대나무 사이 죽엽에 시를 써 화답하고	詩和竹間題竹葉
솔 아래 자리 펴 솔 거문고 소릴 듣네	宴開松下聽松琴
가고 머묾 운수 있으니 어찌 붙잡을까	去留有數庸何挽
계수나무 달빛만 두 옷깃을 비추누나	桂月團團照兩襟

부흔에게 화답하다
和富昕

예전 운거의 강석에 학인으로 있다가	昔在雲居舊學人
다시 와 선정善政 펴니[17] 모두 인연이로다	珠還合浦莫非因
행단[18]에서 독서하니 위편 세 번 끊어지고[19]	杏壇信讀韋三絕
감원[20]에서 궁구하며 패엽[21] 섭렵했네	紺院精窮梠一翻
완적의 청안[22]으로 칠통 열어 깨치고	阮籍靑瞳開漆桶
담시의 백족[23]으로 홍진 밟아 놓았네	曇如[1)]白足踏紅塵
화엄의 큰 바다를 함께 배로 건너니	華嚴大海同舟渡
어부의 창화하는 노랫소리 정겹구나	欸乃一聲唱和親

---

1) ㉠ '如'는 '始'의 오기인 듯하다.

재연의 시에 차운하다
次在演

도 물으며 어느 때 강석에 노닐었나	問道何年遊講場
자라서는 마음과 생각 안정시켰네	安心靜慮汝稍長
유학 섭렵하니 흉금이 트여 넓고	儒林涉獵胷襟豁
불법 담론하니 혀끝이 향기롭구나	釋苑談論舌味香
세상에 불도 펴 후학들 깨우쳐 주고	道布人間開末學
바다 밖에 진리의 등불 이어 전했네	燈傳海外繼餘光
수행 그치지 않으면 큰 그릇 이루어	作之不已乃成器
오래지 않아 종문의 동량이 되리라	未幾吾家做棟樑

필훤에게 주다
贈弼喧

숙세의 좋은 인연 같은 세상 태어나	夙植良緣並世生
가벼운 배로 불법의 바다 소요하네	遨遊法海一船輕
스승 참배해 먼 청산의 그림자 밟고	叅師遠破靑山影
고요함 좋아하여 푸른 시내 깃들었네	好靜深棲碧澗聲
만국에 봄이 오듯 모습이 빼어나고	萬國春行眉宇秀
구천에 달 비치듯 자성의 연못 맑구나	九霄月現性潭淸
두륜산의 눈 속에 문답하고 논란하며	難疑問答頭輪雪
임제의 종풍을 만고의 마음에 전하네	臨濟宗風萬古情

인학을 훈계하다
戒仁學

원각의 광명세계에 우유하며	優遊圓覺光明藏
어느덧 함풍 신유년을 보냈네	度盡咸豊辛酉時
반평생 청안의 납자 적었는데	半世無多靑眼子
누가 이같이 기특한 이 낳았나	何人生此寧馨兒
능히 만 리 서강의 물 삼키고[24]	能吞萬里西江水
해동 천산의 스님들을 교화하네	大化千山東國緇
세간의 무한한 작태를 범하면	若犯世間無限態
북탑의 바라이[25] 피하지 못하리	難逃北塔波羅夷

재환을 보내며
送在煥

남방의 불법 담박하여 맛이 없으니	南方佛法淡無味
하필 행각하여 멀리까지 찾아왔나	何必瞻風遠到尋
백겁 천생에 인연의 업이 무거워서	百劫千生緣業重
석 달 겨울 함께 깊이 훈업을 닦네	三冬一席染熏深
덕용사의 기운은 아침 눈에 돌아오고	德龍寺運回朝眼
문필봉의 영기는 마음에 스며드네	文筆峯靈落印心
나는 종문의 게으른 동문 지기로	我有同床知己慢
다만 졸렬한 게송 읊어 그댈 보낸다	聊將拙偈送君吟

태연의 시에 차운하다
次泰演

한번 공문에 들어와 시비를 끊고	一入空門斷是非
다실과 강석에서 전혀 기롱함 없네	茶坊講肆了無譏
견해 분명하여 은해사가 고요하고	見解分明銀海靜
흉금의 회포 맑아 보광전이 빛나도다	襟懷爽朗葆光暉
참된 이치 좋아해 스승께 참배하고	暴好眞常叅匠席
속세의 일 싫어하여 사립문 닫았네	翻厭世諦掩柴扉
월출산 마주하고 불자 세워 앉으니	月出山前堅拂坐
천 리 먼 길 납자들 모두 귀의하네	同風千里盡歸依

전의를 보내며
送典毅

젊은 나그네 기골이 참신도 하여	有客靑年氣骨新
변재가 정직하고 천진함을 지킨다	辯才正直守天眞
어여쁜 용모는 봄의²⁶ 조화 갖추고	丰容打盡東君化
고운 마음은 가을의²⁷ 흰빛으로 꾸민 듯	雅度淡莊白帝銀
도서 선요²⁸ 읽으며 찌는 무더위 견디고	序要潦炎堪暑了
경론 가까이하며 혹독한 추위 참네	經論沍雪忍寒親
타향에서 해 보내니 망운의 정²⁹ 간절해	他鄕分歲望雲切
행장 수습하니 눈물이 수건을 적시네	收拾行裝淚滿巾

해언의 시에 차운하다
次海彦

천지인의 기운 일시에 모여 태어나니	三才鍾氣一時生
선유 스님의 정신에 해안 스님[30]의 지혜로다	善裕精神海眼明
두륜산 방문하여 물음 없는 물음 던지고	訪我頭輪無問問
소실산 은거하여 소리 없는 소리 펼치네	隱居少室不聲聲
삼천 년의 시운 돌아와 우담화 피어나고	三千回運曇花現
오백 년 기약 맞아 황하의 물이 맑구나	五百應期河水淸
원컨대 여러 도반과 함께 수행하여	願共得名諸伴侶
큰 도를 이루어 미혹된 중생 구하기를	同成大道救迷情

선유에게 답하다
答善裕

천지인 기운 받고 세상 태어나	聞道三才並世生
위엄과 덕이 사람을 비춘다네	威光德色照人明
동서 강학의 길에 호령 행하고	東西學路猶行號
멀고 가까운 선림에 명성 떨치네	遠近禪林自轉聲
투향의 원력[31] 세워 해화 스님 따르고	願立偸香從海化
탈석의 공[32] 이루어 허청 스님 이었네	功成奪席代虛淸
시를 지어 멀리 화답하여 주려니	我將韻語遙相贈
새벽달과 저녁 종소리 모두 정겹네	曉月夕鐘盡帶情

처운을 축하하다
賀處耘

몸도 내가 아니어서 본래 공하니	身非是我本來空
팔만의 경문을 어디에 소장했는고	八萬經文甚處藏
남북으로 오고 감도 상에 집착함이요	北去南遊皆著相
횡설수설도 비방을 부를 뿐이로다	橫論堅說但招謗
기라성 같은 종문에서 황양의 노장[33] 분쇄하고	星羅門碎黃楊老
월광의 관법으로 적제의 번창[34] 이루었네	月滿觀成赤帝昌
마음에 분별하는 생각 짓지 말지어다	莫作心頭分別想
큰 기용은 곧바로 세세한 사량 끊나니	大機直截細思量

응현을 이별하다
別應玄

이별할 제 충고함은 예부터 그러해	臨別贈言自古然
인심은 끊겼으나 도심은 이어지네	人心雖斷道心連
산수마다 생소한 나그네 아니요	山山水水非生客
만나는 스승마다 숙연이 있을 터	會會師師有夙緣
해북의 만 가구에 옷 속의 보배요	海北萬家衣內寶
강남 천리에 불 속의 연꽃이로다	江南千里火中蓮
금릉세계의 보리수가	金陵世界菩提樹
삼천 대천세계를 두루 덮으리	徧覆三千及大千

영순에게 주다
贈永淳

영순 스님은 지혜가 밝아 도를 깨친 모습	三永云明覺道顏
마음 맞는 납자로 산문에 인연을 두었네	峨洋衲子有緣山
도선 스님의 기상 거듭 빼어나고	詵師氣像重來秀
월악의 정령은 한가히 뭉치었네	月岳精靈更鐘閒
선의 계보는 숲속 사원에 치달리고	禪閥長馳林院裏
지혜와 변재는 문단에 독보적이네	慧才獨步槧鉛間
청산과 녹수에 생애가 넉넉하니	靑山綠水生涯足
홍진 벗어나 조사의 관문 향하라	莫向紅塵向祖關

영준에게 주다
贈英俊

산악이 밝은 정기 내려 기우가 맑아	岳降英靈氣宇淸
법석에 주유하며 뛰어난 재주 떨쳤네	周遊匠席俊才鳴
장춘원에 시들지 않는 기화 피고	長春不老奇花發
구곡담엔 새롭게 지혜의 달 밝구나	九曲如新慧月明
하늘 가득한 비는 자비의 뜻이요	雨意滿天悲物意
땅 울리는 우레는 독경 소리로다	雷聲動地說經聲
문답을 주고받으며 빈주가 분명하니	頡頏問答分賓主
대도에 함께 돌아가 세정을 잊었다	大道同歸沒世情

진학에게 답하다
答進學

나는 본래 거칠고 게을러 도량 없으니	我本踈慵無局度
제방의 눈 열린 납자 대하기 부끄럽네	通方眼對愧諸方
열반의 법 위에 함께 유영하였고	涅槃法上同遊泳
유마힐의 법문에 같이 오르내렸네	摩詰門中共頡頏
크고 작은 때는 듣고 믿어 깨끗하고	輕重垢因聞信淨
성차의 계율[35] 수지함으로 발양했네	性遮戒托受持揚
도의 가치 속인에게 얻는다 하지 말라	休言道價人邊得
바른 그릇 물결 맑으면 달빛 나타나리	器正波淸月現光

경화에게 주다
贈璟華

짚신과 베 버선으로 멀리 찾아와	靑鞋布韈遠相尋
봄바람 속에 앉아 도심을 논하네	入坐春風論道心
내 작년에 강석 그만두었다면	我若昨年休講席
그대 어찌 오늘 기림에 왔으리	君何今日逞秪林
홀로 초연해 남전의 달[36] 얻었고	獨超剩得南泉月
고고한 곡조는 누항의 거문고[37]라	孤調暗符陋巷琴
재주와 덕 행하여 생각 변치 않으니	才德兼行思不易
힘쓰고 아껴 훗날도 오늘 같기를	勉旃自愛後如今

영찬에게 주다
贈永贊

비와 이슬 맞으며 쇠잔한 숲 이르니	身披雨露到殘林
때마침 처마 끝에 제비가 지저귄다	序屬檐端玄鳥吟
길 따라 향긋한 꽃은 뒤늦게 피는데	沿路芳花過後綻
난간에 마주한 기상 묵묵히 깊도다	對軒氣海說前深
스님은 삼장의 교학을 다 배웠으나	師雖畢學三藏敎
나는 다만 한 조각 마음을 전할 뿐	我則初傳一片心
동서를 행각하여 참방을 마치고서	跋涉東西叅訪了
어느 때나 다시 이곳을 찾게 될까	何時自度更來尋

정치은에게 화답하다
和鄭痴隱

해상에 유람하는 신선 옛 숲 들러	海上遊仙過舊林
가을 산 마주해 반나절 현담 나누네	玄談半日對秋岑
암자는 비좁으나 산세는 웅장하고	庵容偪側山容壯
세상의 맛 쓸쓸하나 도의 맛 깊구나	世味蕭條道味深
동자승 득의하여 절에 가 참배하고	得意稚僧歸寺禮
좋은 새 무심히 사람 향해 지저귀네	忘機好鳥向人吟
승경 찾아 마침 두 분 진불을 뵈니	尋眞適値雙眞佛
일곱 벗[38] 마음에 차지 않는다고 한하랴	何恨七朋未滿心

최매은, 임취정, 강제호와 함께 화답하다
與崔林姜共和

바닷가에 높은 산 하나 우뚝 솟아	一座高山在海頭
청계와 백석이 사시사철 그윽하네	淸溪白石四時幽
왕의 교화는 한강 멀어 적료하고	王化寂寥遙漢水
신선의 바람은 영주 가까워 맑도다	仙風蕭瑟近瀛洲
늙은 잣나무와 외로운 솔 그윽하고	老柏孤松奇窈窕
머문 구름 어린 새 노닐기 좋아하네	留雲乳鳥好盤遊
호불의 유생과 유교 보호하는 스님이	護佛儒從護儒佛
단란하게 가을의 몇 날 밤 보낸다	團欒消送數宵秋

최매은, 임취정, 강제호와 함께 나운의 청담 운에 차하다
與崔林姜共次羅云淸潭韻

세속 싫어 고향 떠나 부처님께 귀의해	厭俗離鄕向佛還
노을과 맑은 기운 마시며 빈산에 누웠네	呑霞服氣臥空山
경론은 곳곳에서 용이 듣는 듯하고	經論隨處如龍聽
병발 석장 지니고 행각하니 학처럼 한가롭네	瓶錫行時似鶴閒
학문은 한나라 유자의 청탁[39]을 본받고	學效漢儒淸濁上
마음은 진나라 선비의 유무[40]에 보존했네	心存晉士有無間
수신과 도 닦는 것 가장 좋은 계책이니	修身治道惟良策
부귀와 공명은 모두 상관하지 않노라	富貴功名摠不關

신세는 구름처럼 자유로이 오가고	身勢如雲任往還
생애는 도처에 다만 청산뿐이라	生涯到處但靑山
선지식의 재주는 스승보다 낫고	善識之才師以上
자비의 마음 법을 삼아 사람과 틈 없네	慈心爲法物無間
연탑에 참선 송경하니 오히려 고요하고	蓮榻誦禪猶閒寂
솔창에 납의 기우니 절로 한가롭구나	松牕縫衲自疎閑
하늘에 꽃비 가득 두륜산 아래에서	一天花雨頭輪下
뜬구름 속세의 명성 아랑곳 않누나	浮世名聲摠不關

【매은(右梅隱)】

구름 쓸고 기암의 등라 헤치며	掃雲奇石搜蘿還
일찍 속세 떠나 산에 의탁하였네	早謝塵寰已托山
선정에 드니 삼소의 인연이 깊고	聽定緣深三笑後
불경 보며 6년 사이 도를 깨쳤네	觀經道悟六齡間

감실의 등 높이 거니 정신 청정하고	龕燈高掛精神淨
목탁 소리 울릴 제 세계도 한가하다	聲柝時鳴世界閒
연탑의 밤 현담으로 꿈조차 맑은데	淸夢玄談蓮榻夜
은근히 길손 위해 솔 빗장 잠근다	殷勤爲客掩松關

【취정(右翠亭)】

천년의 여래 다시 돌아오지 않는데	千載如來不復還
신라의 스님 영산에 복거하게 하였네	更敎羅釋卜靈山
정신은 무하유향의 일월에 소요하고	神遊日月無何外
마음은 연하 적막한 곳에 넉넉하네	心愜烟霞寂寞間
가을비 때때로 꽃비와 같이 내리고	秋雨時兼花雨落
산 구름과 들 구름 함께 한가하구나	峯雲共與野雲閒
그대 만나 두 밤을 다정하게 보내니	逢君兩夜多情熟
선과 범부의 세계 다르다 하지 말라	莫道禪凡互不關

【제호(右霽湖)】

쌍계사에 도착하여
到雙溪

짚신 신고 홀로 쌍계사에 들어가니	芒鞋獨入雙溪寺
2월의 산빛에 묵은 시름 풀린다	二月山容解舊愁
아는 스님들 와서 등불 아래 모이고	知己僧來圍燭下
그리움에 꿈에도 스승님을 모시네	有情夢去侍床頭
운림 정사는 이웃하여 나란히 있고	雲林精舍爲隣在
범해의 우거도 주인 얻어 그윽하네	梵海寓居得主幽
적적한 누각에 일없이 앉았노라니	寥寂寒樓無事坐
백비[41] 절로 사라져 온갖 반연 그친다	百非自淨萬緣休

개울가 절에서 감흥이 일어
溪寺興感

옛 절로 쓸쓸히 한길 통해 있는데	古寺蕭條一線通
개울 따라 석양의 종소리 기억하네	沿溪粗記夕陽鍾
산은 벗겨져 스님들 땔나무 없고	山童白足無由火
불당 낡아 부처님도 바람을 맞는다	屋老金仙未免風
남은 터 밭을 갈아 보리 이삭 패고	遺址墾田牟麥秀
빈 뜰 채마밭엔 가지와 무 가득하네	空庭開圃芥菘充
향 살라 축원 마치고 오래 배회하니	燒香祝罷徘徊久
보는 것마다 슬픔이 가슴에 젖는다	觸目悲懷暗掛胸

수옥계에 놀다
遊漱玉溪

개울가 절이 영남 수옥계에 있어	溪寺嶺南漱玉溪
넓은 바위 맑은 물과 나란하구나	盤陁石與水晶齊
푸른 들은 층계 아래에 펼쳐지고	靑黃長野層階下
달리는 뭇 봉우리 차례로 깔렸네	奔走諸峯次第低
시냇물 옥빛 바위 깎으며 흐르고	澗瀉巖頭礎玉吼
나무의 꾀꼬리 사람 향해 지저귀네	鶯來樹頂向人啼
술과 흥 다하고 손님도 흩어졌는데	缾空興盡賓皆散
고개 돌려 하늘 보니 해가 저무네	回首諸天日欲西

용악 스님 시축에 쓰다
題龍岳師詩軸

경한의 손에 든 시축 뺏어 보니	强奪敬閒手軸看
우리 스님의 주옥같은 시구일세	吾師吟咏玉琅玕
부침하며[42] 먹기 잊어 밥때 늦고	浮沈忘食三時晚
생모[43] 반복하니 밤은 깊어 가네	反復生毛一夜闌
굳센 모습은 관락[44]의 형세요	遒健形同關洛勢
호방한 기운은 용호가 서린 듯	雄豪氣若虎龍盤
감상한 빚 달리 갚을 수 없으니	乃知玩債非他報
마음의 향을 그대에게 공양하네	只把心香供座壇

관음굴에 쓰다
題觀音窟

명승지에 거주한 것은 일공이 먼저　　　卜居勝地日公先
늙은 바위 단 샘물 몇 해를 보냈나　　　石老泉甘度幾年
바람 없는 골짜기 푸른 물결 흐르고　　　碧浪無風流谷裏
비 없는 흰 구름 하늘가에 피어난다　　　白雲不雨起天邊
뜰 가운데 보전의 향 사르고 앉으니　　　庭心寶篆供香坐
바위의 관세음 바다 향해 눈 감았네　　　巖面觀音向海眠
명승지에 잠시 나그네 눈을 붙이니　　　暫借名區遊目寓
석양빛 강가에 밥하는 연기 오른다　　　夕陽江上布炊煙

원호에서 세선을 보다
院湖觀稅船

아침 해 동풍에 세선을 보내니	朝日東風送稅船
호수 십 리에 배들이 줄을 잇는다	平湖十里舳艫連
돛 내리고 정박하니 강 길 이루고	休帆下碇成江路
포성과 노래가 바다 하늘 울리네	放砲和歌震海天
푸른 기 몇 쌍으로 장수 알겠고	靑令幾雙知領帥
백기 몇 개는 창고를 표시하네	白旗數隻表倉廒
지나다 마침 기이한 기회 만나니	行過適値奇期會
두 언덕 복사꽃 화천[45]을 비추네	兩岸桃花耀貨泉

파초화
芭蕉花

옥빛 줄기 한길 곧게 솟았는데　　　　　玉股亭亭一丈餘
꽃은 시들어 대나무처럼 비었네　　　　　開花萎死竹同虛
새로 돋은 속은 봉지 잡아당긴 듯　　　　新抽心若牽封紙
뒤집힌 잎은 물 뿜는 고기 같구나　　　　古倒葉如吹浪魚
부채 만들어 조회하는 수레 가리고　　　製扇惟遮朝會輅
노래 엮어 초서의 초가 가리키네[46]　　編歌直指草書廬
시내 바람 불고 숲에 비 내리는데　　　　溪風獵獵林霏滴
엄동에 눈 내리는 것 저어하누나　　　　切忌嚴冬雪落初

채제암을 보내며
送蔡霽巖

흰 구름 깊은 곳 등만 깜박이는데	白雲深鎖此孤燈
어인 일로 신선 수레 찾아 주셨나	何事仙輧誤入徵
첨찰산 중에 삼소의 손님이요	尖察山中三笑客
견훤성 속에 덕망 높은 친구라네	甄萱城裏一高朋
수고로움 잊고 붓으로 진적 남기니	忘勞揮筆留眞跡
부끄럽게 지은 시 외람되이 드리네	含愧搆詩逞妄稱
좋은 날 수레 타고 길 떠나려 하니	吉日膏車將復路
청계 백석에 저녁 구름만 짙구나	青溪白石暮雲凝

처음 학질에 걸리다
超瘧

산과 바다의 장기가 짙게 어울러 　　　山瘴和濃海瘴蒸
청고한 몸에 학질이 가만히 생겼네 　　清枯鶴骨瘧潛興
추울 때 굴신은 꽃 지나는 자벌레요 　　寒初伸屈過花蠖
열이 나 허우적댐은 끓는 물의 파리 　　熱後拂揮落湯蠅
주야를 망각하고 미친 성품 발하며 　　晝夜却忘狂性發
죽과 국 토하니 추한 모습 더하네 　　粥羹反吐醜客[1]增
영단과 신주도 전혀 효험 없으니 　　靈丹神呪全無效
비로소 음양이 뒤틀림을 알겠네 　　始覺陰陽不睦徵

---

1) 囲 '客'은 '容'의 오기인 듯하다.

강매오 운에 차하다
次姜梅塢韻

젊은 손님이 찾아와 말하기를	有客相尋是妙年
노승 곁에서 공부하고 싶다고	爲言志在老僧邊
길가에서 삼추의 운을 읊으니	沈吟路上三秋韻
선방의 하룻밤 꿈을 깨우누나	除却房中一夜眠
다례하며 중부[47]의 다실 생각하고	茶禮尙懷中孚室
종소리에 고소성의 배[48] 깨닫네	鐘聲紿覺姑蘇船
등불 걸고 마주 앉아 한담 나누니	懸燈對坐閒談處
구름은 청산에 달은 하늘에 있네[49]	雲在靑山月在天

서율의 어머니 조씨를 애도하다
挽瑞律母趙氏

어머님의 자태 형제 중에 특출하고	坤儀特出弟兄中
자손 번창해 봉과 곰처럼 뛰어나네	瓜瓞綿連鳳與熊
세존께 자식 보내 훗날의 길을 닦고	送子世尊修後路
천제님 앞 남편 따라 앞길을 인도하네	隨夫天帝導前蹤
재주와 공예 민첩하여 고을에 드물고	才工便敏鄕隣罕
수와 덕 다 전하니 섬과 육지에 으뜸	壽德兼傳島陸宗
율공의 분좌[50]하는 위의를 사모하며	適慕律公分座儀
향 지펴 먼 하늘 바라보며 흐느끼네	燃香遠望泣靑空

안 산림을 애도하다 [2수]
挽安山林【二】

[1]
묻노라 생사의 큰 꿈[51]이 어떠한고
남녘에 다시 처사의 집 없게 되었네
시렁 가득한 책 상자 먼지에 덮이고
문 넘치던 손님의 지팡이도 멀어졌네
평상의 술도 다시 함께 따르지 못하고
달 아래 차도 다시 나누기 어려워라
이슬처럼 덧없는 세월 떠나가는 길에
아마도 스님들의 상여가를 들으리라

奠楹大夢問如何
南地更無處士家
滿架書凾塵已暗
塡門客杖影將遐
未能共酌床前酒
難得同分月下茶
薤露光陰宜[1])路上
應聽梵釋挽轝歌

[2]
산림에 초가 엮어 만사를 그치고서
꽃 옮기고 나무 심어 거처가 그윽하네
성에 가면 옛 친구 정담에 날 저물고
절에 오면 새 도반 마음 맞아 머물렀네
청백한 가풍에 모습조차 빼어나고
천진한 면목으로 뛰어난 재주[52] 닦았네
상여 이제 떠나가니 어인 시절인가
뒤 좇을 길 없어 눈물만 절로 흐르네

結屋山林萬事休
移花種樹卜居幽
入城舊雨[2])情談晚
登寺新交道契留
淸白家風眉壽秀
天眞面目鳳毛修
龍輀一擧何時節
追往無由淚自流

---

1) ㉢ '宜'는 '冥'의 오기인 듯하다.
2) ㉢ '雨'는 '友'의 오기인 듯하다.

정기를 훈계하다
訓正己

너는 다생에 선업의 인연 얻어	汝得多生善業因
이제 다시 장부의 몸 받았구나	於今更受丈夫身
눈동자 맑아 월출산의 달빛이요	淸揚橫掛月峯月
손과 발 곧아 신야의 신채[53]로다	手足正抽莘野莘
누각 높이 누워 시끄러움 없으니	高臥名樓無事鬧
일찍 서책 열어 마음 힘쓸지어다	早開書卷有心勤
오경에 세수하고 분수[54]한 후에	五更梳洗焚修後
무릎 꿇고 정신 차려 과문 송독하라	跪膝精神誦課文

이학봉을 애도하다
挽李鶴峯

인간의 만사가 허공의 꽃과 같으니	人間萬事等空花
호리[55]의 먼 여정 해는 서산에	蒿里長程日欲斜
물외의 청산에 사랑하는 자식 남기고	物外青山留愛子
푸른 바다 선계에 이승의 집 버렸네	壺中碧海棄明家
길 양쪽 붉은 명정 멀리 나부끼고	丹旗挾路翩翩遠
흰 상여 먼지 일으키며 점점 멀어지네	素轝衝塵轉轉遐
한 줄기 마음의 향으로 멀리서 추모하니	一炷心香遙追仰
가없는 가을빛만 하늘 끝에 가득하다	無邊秋色滿天涯

김 호군을 애도하다
挽金護軍

임계년에 훌륭한 이 빼앗아 가니	與奪碩人壬癸歲
하늘에 어진 관리 부족해서이리	天宮應闕用賢官
구름 낀 곡구에 샘 소리 오열하고	雲橫谷口泉聲咽
호산에 달 지니 상저가[56]도 차가워라	月落葫山杵相寒
자손에 덕 미쳐 세상에 명망 있고	德及子孫名世路
원근에 향기 끼쳐 유관을 이었다네	芳流遐邇襲儒冠
흰 상여 붉은 명정 청산은 저물고	素車丹旐青山暮
눈물로 바람 맞으며 전단향 사르네	含淚臨風燃紫檀

칠성암의 시운을 차하다
次七星庵韻

협곡의 명승지에 올라 굽어보니 　　　登臨峽岫有名區
새는 재잘대고 시내 절로 흐르네 　　　鳥自喃喃水自流
한낮 차 얘기 자줏빛 연기 피고 　　　紫氣浮軒茶話午
땅 가득한 보리 노랗게 익어 가네 　　　黃雲滿地麥光秋
석 잔 술에 달콤한 꿈에 젖어 드는데 　三盃就枕濃甜睡
십 년 만의 만남 흰머리 부끄럽네 　　　十載遇君愧白頭
가만히 푸른 파도 먼 바다 바라보니 　　坐得滄波萬里外
진나라 동자들[57] 편주로 약초 캐러 가네 　秦童採藥一孤舟

영해[58]를 건너며
越瀛海

한밤중에 배를 타고 대양을 나서　　　　　　子夜乘舟放大洋
사면 바라보니 아득히 끝이 없다　　　　　　流觀四面浩茫茫
새는 푸른 하늘 끝없이 날아가고　　　　　　鳥飛碧落何年下
물고기는 높은 파도에 뛰어오르네　　　　　魚躍洪波百尺長
여서도를 바라보다 점심도 놓치고　　　　　餘鼠看看亭午失
영주를 가리키며 석양에 도착했네　　　　　瀛洲指指夕陽當
초요새[59] 처음 붕명[60] 길 찾았으니　　　鷦鷯始得鵬溟路
죽어도 한 없고 살아서도 못 잊으리　　　　死不恨兮生不忘

강용운이 시를 요구하다
姜龍雲求詩

옛 탐라국의 여행은 평생의 소원	耽羅古國平生願
비로소 그대 같은 중후한 이 보았네	始到君家見厚人
세간의 금모사자[61] 눈으로 직접 보고	目擊世間金獅子
손으로 천상의 기린아[62] 쓰다듬네	手摩天上石麒麟
업수에 구름 걷히니 연꽃 빼어나고[63]	雲收鄴水蓮花秀
위성에 비 그치니 버들 빛 새롭구나[64]	雨過渭城柳色新
몸과 마음 잘 보호하여 도학 이루니	端護身機成道學
향기가 바다 북쪽 대궐까지 전해지리	流芳海北拜宮宸

삼성혈[65]
三姓穴

삼성혈 앞에서 세 번 예를 올리니	三姓穴前三拜手
영령이 늠름하게 푸른 자리 납시네	英靈凜凜御靑茵
땅속에서 솟아 나와 가업을 이루고	踴生地理成家業
천문 감동시켜 나라의 보배 받들었네	感動天文奉國珍
남은 자취 오래 세속 놀라게 하였고	遺跡萬年驚世俗
오늘에야 안장하니 우리를 감동시키네	埋安今日感吾人
자손들 모두 아름다운 가풍을 이어	兒孫盡向宗風美
해북과 강남의 뛰어난 백성 되었구나	海北江南作逸民

연신각의 시운을 차하다
次戀宸閣韻

아침 햇살에 세수하고 이 누각에 올라	漱洗朝暾上此樓
난간 기대어 회상하니 길은 아득하다	倚欄聘想路悠悠
물위 뗏목으로 한가히 발걸음 옮기고	泛波筏使閒移步
벽 위의 시 고개 들어 자주 바라보네	掛壁詩能頻擧頭
애월을 이미 지나 명월에서 묵고 나서	涯月已過明月宿
산방에서 장차 정방으로 노닐려 하네	山房將向正房遊
남풍이 낯선 나그네 옷에 불어오는데	南風猶著生衣客
즐거운 여행이 시 짓느라 근심 되누나	行樂反成章句愁

대정읍 회고
大靜懷古

대정읍을 지나다 부질없이 머물러서	行過靜邑漫遲留
고금을 회고하니 흐르는 물과 같구나	今昔回頭似水流
초의 노사 명성은 야인의 입에 전해지고	草老芳名傳野口
완공[66]의 신필은 관아 누각에 걸렸다	阮公神筆掛官樓
서생의 진영은 천 고을 비추는 달이요	徐生眞影千村月
박 선비 높은 자취도 한 조각 언덕이라	朴士高蹤一片丘
묻노라 당시의 소식이 어떠하였는고	借問當年消息事
동성 황량한 땅에 빈터만 남았구나	東城荒地有空區

정의현 동헌의 시운을 차하다
次旌義東軒韻

선을 이야기하니 태전[67]이 부끄러워	打話禪詮愧太顚
게송과 주문으로 창가에서 논란했네	只將偈呪難窓邊
산중에서 하늘의 부처 막 이별하고	山中纔別天中佛
해상에서 다행히 지상 신선 참배하네	海上幸叅地上仙
고을의 선정은 옛 돌에 전해지고	善政一州傳古石
천리의 순풍은 빈 배를 보내누나	順風千里送空船
급고독[68]의 정반으로 승재를 마치니	給孤淨飯僧齋罷
원근의 강촌 곳곳에 연기가 인다	遠近江村處處烟

연북정의 김청음[69] 선생 시운을 차하다
次戀北亭金清陰先生韻

군읍을 돌아보고 강가에 이르니	周回郡邑到江頭
이미 삼복 지나서 가을이 되었네	已過三庚更及秋
정자의 편액 깨끗하여 남북 비추고	亭額無磨南北照
현판의 시 불후하여 고금에 흐른다	板詩不朽古今浮
고을에 사는 양반들 행세 부리는데	村居華閥方行位
바다의 큰 파도에 배는 오래 묶였네	海起洪濤久繫舟
포구에서 머무른 지 며칠째인가	下浦留延幾日許
누각에 앉아 외로운 시름 말한다	登樓並坐語孤愁

원운 原韻

하늘 끝에 날마다 고개를 돌리며	天涯無日不回頭
고향 생각에 어느덧 가을이라	一日思鄉抵九秋
취하여 먼 길을 잊고자 하였으나	醉裏欲忘歸路遠
꿈에도 떠도는 이내 신세 느꼈네	夢中猶覺此身浮
괜히 최호의 연파의 시구[70] 읊나니	空吟崔顥烟波句
진경의 죽엽 배[71]도 환상이 아니거늘	難幻眞卿竹葉舟
먼 이별 가볍다는 말 부질없으니	謾說向來輕遠別
외로운 정자 오늘 시름만 이는구나	孤亭今日自生愁

계정 개사[72]에게 주다
與戒定開士

약관의 나이에도 덕은 노성하여	年當弱冠老成人
종일 어리석은 듯[73] 옛 진인의 모습	終日如愚一古眞
비 개어 화창한 봄 산세가 높고	雨霽春和山勢聳
맑고 고요한 밤 초승달 새롭구나	天淸夜靜月鉤新
패엽을 찾아 공과 유를 밝히고	溫尋貝葉明空有
위편[74] 섭렵하며 인의를 체득한다	涉獵韋編得義仁
내 한담 지어 오늘 그대에게 주니	我做閒談今日贈
훗날 미혹된 중생을 제도하기를	望須他日度迷津

궁예성을 지나며
過弓裔城

아득한 옛일을 어디에서 물을까	古事悠悠何處問
흥망의 묵은 자취 토착민이 전한다	興亡陳跡土人傳
황성의 풀 이슬은 귀신의 한의 눈물	荒城草露怨神淚
쓰러진 궁궐의 솔바람은 패장의 외침	廢闕松風敗將喧
검불랑산 머리에는 분수령이 있고	劒拂浪頭分水嶺
시장적 아래에는 산신제단 모셨네	尸藏磧下祭山壇
삼십 년간 몸 편히 할 계책만 도모하여	惟圖卅載安身計
악명을 만대에 남길 줄 알지 못했네	未達臭名遺萬年

천보루의 시운을 차하다
次天保樓韻

때마침 4월 관등 시절에 왔나니	適來四月觀燈時
누각의 잔치 자리 해 그림자 옮긴다	樓上慶筵日影移
법당의 기둥에 쓰인 글귀에 느끼고	仰感殿堂題柱句
누대의 들보에 걸린 시 읊조린다	高吟臺榭掛梁詩
미풍이 섬돌에 불어 뜰의 꽃은 지고	風微石砌庭花落
난간 기대니 골짜기에 비가 더디네	客倚蘭軒洞雨遲
도처에서 받은 은혜 어찌 갚을런가	到處受恩何暇報
훗날의 만남 하늘 가리켜 기약하네	他年面目指天期

화암사 운을 차하다
次花巖寺韻

긴 오솔길 따라 불명산 찾아드니　　　尋入佛明細徑長
절벽에 오르자 신선세계 펼쳐진다　　　纔登絶壁白雲鄕
비 갠 후 풀빛에 아침 호각 소리 들리고　雨收草綠吹朝角
길손 오자 안개 걷혀 정오의 향 사른다　客到烟消爇午香
지팡이 기대어 옛 스님의 시구 읊고　　　倚杖仰吟先德句
옷깃 열어 시내의 서늘함 맞이한다　　　開襟俯受舊溪凉
여정 바빠 몸과 마음 어지럽나니　　　行裝甚遽身心亂
다만 거친 시구 지어 뜻 잊지 않으리　　只綴荒言志不忘

일로향실
一爐香室

오랫동안 책상에 앉아 글을 보며	由來看字坐床頭
창 앞의 흐르는 세월을 잊었노라	忘却窓前歲月流
의식 청한하니 인사가 게으르고	衣食淸閑人事懶
탐진 사라져 거처 절로 그윽하네	貪嗔淨盡自居幽
재 파하고 누각에서 손님과 밥 먹으니	齋罷樓中同客飯
바람은 나무에 불어 새도 쉬는구나	風輕樹下與禽休
다시 향실에 와 생각에 젖나니	重來香室思量見
무심한 구름만 자유롭게 오간다	雲出無心任去留

자미화
紫微花

손수 옮겨 심은 지 삼십 년 만에	自手移栽三十年
다시 찾아오니 옛 인연 있는 듯	重來若有舊因緣
삼 일 단비에 가지마다 의지하고	三朝甘雨枝枝倚
백일 화풍에 꽃잎마다 아름다워	百日煖風朶朶姸
은하수 자미성과 어울려 빛나고	天漢紫微同照曜
촉강의 채색 비단인 듯 신선하다	蜀江彩錦共新鮮
떨기에서 빼어나 가을빛 일렁이니	叢中挺出撓秋色
바라보면 불꽃이 타는 것 같구나	望裏依稀火聚燃

삼가 신백파 선생이 주신 시에 차운하다
謹次申白坡先生贈韻

해양[75] 천 리 먼 길에 수레 빛나니	海陽千里鶯車輝
남도의 창생 뛰어난 근기 보도다	南土蒼生見峻機
명 받들어 마음은 역로를 달리나	奉命關心行驛路
한가한 틈 스님 마주하며 소일한다	偸閑消日對緇衣
시가로 모인 손님 종소리에 흩어져	詩歌會客聞鐘散
암자 돌며 부처님 뵙고 돌아간다	杖屨巡庵觀佛歸
은혜로운 비 온 세상 고르게 젖어	恩雨均沾遐邇潤
기림의 가을 잎이 봄날보다 살지네	秖林秋葉倍春肥

백파, 송파 두 노인과 함께 북암에 올라 운을 띄워
白坡松坡兩老共上北庵拈韻

골짜기 풍광도 늦가을 접어드니	一壑烟光屬暮秋
북대는 오늘 신선들의 누각일세	北臺今日是仙樓
스님은 임금과 신하의 장수 빌고	居僧仰祝君臣壽
고불은 앉아 세월의 흐름 보나니	古佛坐看歲月流
청허한 하늘 기러기 떼 날아가고	玉宇淸虛成鴈陣
가없는 금빛 물결 어선들은 점점이	金波浩淼點漁舟
차가운 종소리 술자리에 들려오니	寒鐘亂落行盃席
석양의 귀로에 시 읊으며 시름한다	斜陽歸路賦詩愁

절정에서 널리 보니 천하가 가을빛	絶頂超觀萬里秋
눈앞에 몇몇 높은 누각 마주 보인다	眼前平俯幾岑樓
연운 위로 만고의 높은 봉우리 솟고	烟雲上積高峯老
천지는 서쪽 기울어 큰 바다 흐르네	天地西傾大海流
영겁 지난 참모습은 천 길의 바위요	過劫眞形千丈石
뜬구름 삶 세계는 하나의 빈 배로다	浮生全界一虛舟
지팡이 재촉할 제 들리는 저녁 종소리	閒筇催起鐘聲暮
나그네의 한없는 시름만 더하누나	還助行人不盡愁

【백파(右白坡)】

쓸쓸한 옥빛 골은 온통 가을빛	玉洞疎凉滿眼秋
북대로 옮기니 남루보다 낫구나	北臺移席勝南樓
조각구름 암벽은 맑은 날도 젖었고	孤雲巖壁晴猶濕
지는 해에 푸른 물결은 잔잔하기만	落日滄波澹不流

나그네 다시 학이 깃든 숲 찾으니	遊子重尋棲鶴樹
노승은 멀리 낚싯배를 가리키네	老僧遙指釣魚舟
좌중에 홀로 장안의 나그네 있어	座中偏有長安客
먼 하늘 바라보며 시름에 젖는다	天一方兮渺渺愁

【송파(右松坡)】

인호 김 사인을 애도하다
挽仁湖金斯人

어찌 뜻했으리 올해 집에 있다가	豈意今年家裏在
홀로 흰 구름 속 영원히 누울 줄을	千秋獨臥白雲中
자손은 초강의 비에 눈물 훔치고	兒孫掩淚樵江雨
이웃은 목야의 바람에 슬픔 머금네	鄰里含悲牧野風
국화 이슬은 손님 술잔에 떨어지고	菊露落添迎客酒
단풍 빛은 영혼의 제사상을 비춘다	楓光散照送魂饗
안개 걷힌 넓은 바다 하늘 밖 멀리	烟消海濶靑天外
만가 창화하며 상여 줄 잡고 따르네	唱和薤歌挽紼從

은적암 나그넷길 [2수]
客隱跡【二】

[1]

신세는 물위의 마름 풀과 같아	身上便同水上蘋
동서남북 흐르는 대로 맡긴다	東西南北任漂人
일 년은 탐라의 나그네 되었고	一年通作耽羅客
반년은 지달의 길손이 되었네	半歲堪爲怾怛賓
첨찰산에서 세 번의 여름 결제	尖察山中三結夏
약사전에선 봄을 두 번 지냈네	藥師殿裏二經春
맑은 물과 흰 바위 나를 부르니	淸溪白石聊相召
짚신과 바랑으로 새 곳을 향한다	納履荷囊又趣新

[2]

도선 국사 창건하신 옛 가람에	詵師剏建舊伽藍
진영眞影은 천년토록 해남 지킨다	遺像千年鎭海南
하늘이 지은 고개 넘어 오가고	越閾往還天作峙
귀신이 아껴 둔 암자에 소요한다	隱身俯仰鬼慳庵
구생동은 삼생동과 합쳐지고	九生洞並三生洞
만대봉은 성대봉에 연이었네	萬代岑連聖代岑
종일 청헌에서 무심히 앉았노라니	盡日淸軒嗒然坐
산 차나무 아래 새들만 지저귀네	山茶樹下鳥喃喃

스스로를 탄식한 연구
自嘆聯句

절에 든 것은 부끄럽지 않으려 함인데	入寺將身不愧人
생애 곳곳에서 경륜을 그르쳤네	生涯觸處誤經綸
세 가지 궁함은 하늘이 부여했고	三窮認是天攸遺
여섯 가지 어지러움은 세월이 초래한 것	六亂應當歲致陲
손 다친들 어느 때 약리를 밝혔으며	折手何時明藥理
이마 다쳤다고 이곳 귀신 원망하랴	傷顱此地怨魂神
하인들은 괴로이 관의 통보 바치고	私奴困說呈官報
요사한 여인은 말 없는 손님 비방하네[76]	妖女噱謗守默賓
문자를 아니 도리어 우환 뒤따르고	識字還爲憂患並
헛된 명예 손님만 번거롭게 이끈다	虛名更致客煩臻
도량의 채마밭에 가뭄이 심한데	道場菜圃旱乾極
낫과 도끼로 개울가 땔나무 캐노라	澗底柴樵銍斧親
밥 구걸하는 아이 조석으로 들어오고	乞飯兒童朝夕入
대청 빌리는 남녀 오가며 머무른다	借廳男女去來屯
적삼 차갑게 젖어 세탁하기 어렵고	汗衣侵冷難澣濯
보리죽 모습 보며 내 몸 요기한다	牟粥見形療己身
긴 밤에 등불 끄니 꿈도 많은데	長夜休燈多夢兆
가을 내내 이웃과도 길이 막혔네	渾秋掩路少通隣
제자들이 농사를 나누어 주지 않으면	若非上足農分送
식량 떨어진 정령이 가련키만 하리	絶粒精靈信可憐

황반계에 화답하다
和黃磻溪

만년정사에서 여러 학생들 만나니	萬年精舍見諸生
죽장으로 서로 찾아 도를 얘기한다	竹杖相尋道話成
유향을 출입하니 문벌이 무겁고	出入儒鄕門閥重
선경을 왕래하니 세상 생각 가볍구나	往來仙境世思輕
서경의 두 아들[77] 장막에서 독서하고	徐卿二子帳中讀
소씨의 세 봉우리[78] 구름 밖에 맑아라	蘇氏三峰雲外淸
하룻밤의 인연도 오히려 부족하나니	一宿因緣猶未足
어느덧 황혼 되자 더욱 정을 머금네	黃昏移度又含情

김옥산 진사의 시운을 차하다
次金玉山進士

고찰 다시 찾으니 한 해도 깊어 가   古寺重尋歲色深
푸른 솔도 흰 눈 숲으로 변했구나   靑松化作白花林
시 쓸 때마다 늘 그리움 간절했고   題詩每切相思意
도를 논하며 증득한 마음 나타냈네   論道長揚各證心
휴일의 맑은 모습 옛날과 같은데   暇日淸儀皆想昔
훗날 다정한 대화도 오늘 같을는지   他年穩話孰如今
뜻밖에도 노승의 외로운 거처를   豈期老衲孤居處
말을 타고 식량 싸서 왕림하셨네   騎馬贏糧自枉臨

결제일에 홀로 앉아
結制獨坐

도처에서 안거하며 화두를 보는데	到處安居看話頭
어이하여 긴 밤 분수하지 못하는고	胡爲長夜不焚修
장작 패고 물 끓이며 마음 티끌 씻고	破柴湯水心塵洗
주문 외고 종을 치며 오체투지 하나니	轉呪舂鐘體地投
밥 올리며 부처님의 즐거움 바라고	上食願祈諸佛樂
향 피워 중생의 근심 제도하기 서원하네	燃香誓度衆生愁
창을 여니 눈 속에 붉은 꽃잎 떨어져	開窓雪裏紅葩落
영산의 꽃비 내리는 누각인 듯하구나	疑是靈山花雨樓

종이배에 쓰다
題紙船

저 중류에 둥실 뜬 두 기둥의 배	泛彼中流兩柱船
나와 함께한 지 삼 년이 넘었구나	與吾同事過三年
돛 달고 노 내렸으나 뒤로도 못 가고	擧帆下楫無由後
키와 줄 갖췄으나 앞으로도 못 가네	正柁安維不可前
병정년을 거쳐 한갓 달빛만 실었으니	已閱丙丁空載月
무기년을 맞아서는 가득 돈을 채울까	將迎戊己滿藏錢
혼연히 흰 종이만 새롭게 남아서	渾成白紙如新在
찬비와 표풍에도 더욱 견고하구나	凍雨飇風奈益堅

저녁에 벽파를 건너다
夜渡碧波

종일 걸어 푸른 바다 끝 이르러 　　　　盡日行來碧海頭
고요한 밤 배 타고 큰 강 흐름 타노라 　　乘船夜靜大江流
위를 보니 삼경의 북두칠성 기쁘고 　　　仰觀斗柄三更喜
굽어보니 만 길 용궁 시름겹다 　　　　　俯視龍宮萬丈愁
어부의 노래 맑고 높아 쉬이 잠들고 　　　欸乃歌高淸易睡
거친 풍랑 거스르니 두려움 한없네 　　　沂游浪急怖難休
바람이 노쇠한 몸에 불어닥치니 　　　　風吹薄着衰軀骨
포구에서 머뭇거리며 오래 정박한다 　　下浦迤遭久逗遛

김구암을 보내며
送金搆庵

관각에서 서로 만난 지 십일 년   官閣相逢十一年
이제 마주 앉으니 문득 망연타   於今對坐頓茫然
차 달이며 청풍 일기 기다리고   煎茶佇待淸風起
책 펴니 계속되는 궂은비도 잊었네   開卷渾忘苦雨連
쇠한 기운 소순의 맛 무어 해로우랴   衰氣何妨蔬笋味
명산에서 다시 호계의 인연 맺었거늘   名山重結虎溪緣
푸른 짚신의 자취 절터에 찍혔으니   靑鞋跡印金田地
하필 숲속에 잠시 따로 참선하랴   何必林中暫別禪

쌍계사에 쓰다
題雙溪

다시 와 괘탑[79]하니 낯설지 않은데	重來掛搭非生客
만상이 훤히 펼쳐져 모두 다정타	萬像昭森盡帶情
언덕 가득 향긋한 꽃 다투어 피고	滿塢芳花爭向笑
누각의 종과 북은 법음을 울린다	懸樓鐘皷演揚鳴
간간이 옛 친구 술 단지 지녀 오고	間多舊雨携壺酒
때때로 한가한 스님 계경을 청한다	或有閒僧請戒經
뜰과 마루 쓸고 나서 무심히 앉으니	灑掃庭軒嗒然坐
종전에 지은 일이 다 무명의 업일세	從前所作摠無明

탄보묘[80] 현판의 시운을 차하다
次誕報廟板上韻

대제[81]가 위엄을 떨친 지 얼마나 오래인가	大帝威揚幾萬年
나라의 남쪽에 제단 설치해 폐백 올리네	設壇奠幣國南邊
당시에 위나라 굴복시켜 충절을 드러내고	當時屈魏旌忠節
후세에 명나라 빛내 하늘 도와 포상 받았네	後世顯明褒協天
적토마 바람 쫓아 쉼 없이 달리는 듯한데	赤兎追風鞍不解
햇빛에 빛나던 청룡도는 전하지 못했네	靑龍閃日柄無傳
차가운 빛이 요마의 소굴을 깨뜨려서	寒光照破妖魔窟
우리나라를 오래도록 태평케 하였네	遂使仁方久泰然

조계암 현판의 시운을 차하다
次曹溪庵板上韻

난야 고고하게 남쪽 향해 자리하니	蘭若孤高位面南
산 그윽한 곳에 이름난 암자 있구나	一山窈窕有名庵
낯익은 얼굴 쾌탑하여 차례로 앉고	顔知掛榻推排坐
공양 마치면 돌아가 화두話頭[82] 참구한다	飯熟歸笻放下叅
첩첩한 봉우리 병풍처럼 절 에워싸고	福疊峰巒圍寺障
돌아 흐르는 시내엔 단풍이 비치네	縈回溪水映楓潭
인간 세상 온갖 일 모두 아랑곳 않고	人間萬事都無管
본성 따라 소요하니 맛이 넘치누나	任性逍遙做味甘

모연을 다니며
募緣行

육십 년 동안 도를 이루지 못해	六十年來道未成
문득 모연을 행하게 되었네	飜然改作募緣行
밤새도록 소 움막에서 한담하고	閒談達夜飯牛幕
때를 넘기며 짚신 방에서 권선한다	引勸過時織履筬
맨발의 아이들만 나비처럼 몰려들고	徒跣兒童來似蝶
의관 갖춘 마을 이장은 별처럼 숨었구나	衣冠洞任隱如星
속세에서 이쪽 일을 얘기하노라니	那邊更說遮邊事
타향 변사의 명성이 부끄럽구나	自愧他鄕辯士名

부사 백겸산, 책실 백다천, 허소치[83]와 함께 시냇가 절에 놀다 【4월 8일】
府使白蒹山冊室白茶泉許小痴共遊溪寺【四月八日】

불일이 선명한 날 초려에 모여서	佛日鮮明會草廬
난간에 기대니 성긴 대나무 그림자	憑欄竹樹綠陰踈
모래톱 마을 구름 갠 후 나무꾼 피리	沙村樵笛雲歸後
길손 이르니 시내 절의 재 종소리	溪寺齋鐘客到餘
그늘에서 술잔 기울이며 춤을 추고	就蔭傾盃因作舞
시내 굽어보며 밥 짓고 책을 본다	臨流炊飯更看書
그윽한 회포 마치기 전에 산림 저무니	幽懷未畢山林暮
풍연 거두어 담고 부처님의 집 떠난다	收拾風烟謝佛居

시내 한 굽이 정사를 감돌아	斜川一曲繞精廬
몇 이랑 전원 살림이 성글지 않네	數畝田園計不疎
동자는 푸른 산 아래 향을 사르고	童子燒香靑嶂下
사군은 녹음 짙은 곳 술 지녀 왔네	使君携酒綠陰餘
반평생 손은 은구의 서첩 익숙하고	半生手熟銀鉤帖
한밤중 마음은 패엽에 맑아진다	中夜心淸貝葉書
포도 넝쿨 그윽하고 청라의 먼 길	葡格陰陰蘿徑遠
여래의 생일에 선찰에 이르렀네	如來生日到禪居
【겸산(右蒹山)】	

운림 소쇄한 곳에 초가 있으니	雲林蕭灑有茆廬
몇 이랑 살림이 가난하지 않구나	數畝生涯也未疎
연하의 주인 되어 몸은 늙었으나	管領烟霞身已老

꽃과 대 재배하니 흥취는 넘치네 　　　　　栽排花竹趣猶餘
맑은 시내에 잔 씻어 술 따르고 　　　　　　清溪洗盞因傾酒
향기로운 풀 자리 삼아 서책을 읽네 　　　　芳草爲茵又看書
불탄일 좋은 때 유상이 좋을시고 　　　　　浴佛良辰遊賞好
원컨대 속세 밖에 그대와 살리라 　　　　　願從物外與君居

【다천(右茶泉)】

동풍에 태수의 수레 숲속 초막 이르니 　　東風皂盖到林廬
주인의 생계는 담박하기만 하구나 　　　　自是主人生計疎
개울가의 흰 구름 손님을 맞이하고 　　　　溪上白雲迎客後
뜰의 붉은 작약 가는 봄을 꾸미네 　　　　　園中紅藥殿春餘
명승지라 예로부터 천석이 넉넉하고 　　　勝區從古饒泉石
맑은 정치는 원래 부서[84]가 적은 법 　　　明政原來少簿書
오늘 불탄일 맞아 흥취가 각별하니 　　　　値此佛辰應別趣
다시 자리 옮겨 승사에 앉으리라 　　　　　更敎移席坐僧居

【소치(右小痴)】

기연 상인에게 주다
贈奇衍上人

두루 편력하여 견문이 으뜸이니	遊歷多聞第一方
장군으로 나라 지킴 어울릴 터	將身禦侮最爲良
옛 책은 솔 사이 집에서 암송하고	傳書暗誦松間屋
글자 엮어 달빛 선상에서 읊조리네	編字高吟月下床
견해가 분명하니 사우가 인정하고	見解分明師友許
근진[85]이 사라지니 귀신도 놀란다	根塵寂滅鬼神惶
불조의 유심법을 모두 거두어	摠收佛祖惟爲法
강남의 큰 도량을 성취하였네	成就江南大道場

이송파에게 화답하다
和李松坡

시내 따라 시선 함께 바위 만지며	沿溪捫石間詩仙
앞뒤 따라 소요하며 오르내리네	陞降徘徊自後前
녹음 짙은 골짜기에 기이한 새 많고	洞漲綠陰多異鳥
서기 엉긴 감실에 매미 소리 고요하다	龕凝紫氣罕清蟬
따스한 바람은 청량세계 일렁이고	薰風動盪清涼界
꽃비는 적멸의 하늘에 휘날린다	花雨繽紛寂滅天
오늘의 좋은 놀이 다시 얻기 어려우니	此日勝遊難再得
부끄러운 마음 거두어 노년에 부치네	摠收慚愧付衰年

강선대
降仙臺

강선대 위에서 단오를 보내니	降仙臺上送端陽
우공의 산천[86]에 해가 유장하다	藕孔山川挽日長
초수의 달 밝아 영혼도 하얗고[87]	楚水月明魂駕素
상산에 세월 쌓여 머리만 세었네[88]	商山年積髮華蒼
때는 임오년 천중절[89]을 맞아서	時光壬午天中節
대둔사 안에서[90] 손님을 만난다	會客大芚寺內良
바위에 함께 앉아 잔치하는 곳에	并坐岩阿遊燕處
숲 바람이 녹음 향기 풍겨 주네	林風吹動綠陰香

동야를 그리며
憶東野

홀로 하산해 바랑 진 나그네 되어　　作客挑囊獨下山
첩첩 고개 지팡이로 한가히 지난다　　行過百嶺一節閒
도중에 자신 이기며 삼보를 부르고　　路中克己呼三寶
문 밖에 자비 일으켜 육환[91] 흔든다　　門外輿悲振六環
마을에 들면 늘 아난의 행적 놀라고　　入邑每驚阿難跡
강을 건너서는 달마의 관문 따르네　　渡江猶順達摩關
무더운 이때 어느 고을에서 묵을꼬　　時當溽暑何鄕宿
자나 깨나 그대의 목소리 들리는 듯　　言語如聞寤寐間

광신에게 부치다
寄廣信

벗들과 떨어져 외딴 암자에 은거해	離朋隱跡處孤庵
단상 앞 정좌하여 성인 말씀 읽누나	正坐單前讀聖談
발우 펴 관음보살 5게를 공양하고	展鉢應供觀偈五
종 울려 예 올리며 세 번 축원하네[92]	鳴鐘到禮祝華三
날마다 마음은 북쪽 향해 귀의하는데	睒言每日歸依北
어느 때 남으로 회향하여 도 물을까	問道何時回向南
묵묵히 곡신[93] 지켜 근본으로 돌아가니	守默谷神還本際
한 가지 사업은 예로부터 달콤하다	一枝事業舊來甘

미선
尾扇

대나무 뼈대에 닥종이 넓고 좁고 둥글며　　竹骨楮皮廣狹團
겨울에 쉬고 여름엔 왕성하니 여러 빛깔　　冬休夏旺綠黃丹
술잔의 파리 쫓고 등불의 나방 몰아내며　　杯揮蠅亂燈揮蝶
길에선 햇볕 가리고 누워선 낯을 가린다　　行蔽炎陽臥蔽顔
호령함은 한나라 문무의 신하와 같고　　　號令要齊漢文武
풍진에 물들지 않음은 진나라 사대부라[94]　風塵無染晋衣冠
마루의 손님 함께 한가히 얘기할 적에　　　高堂會客遊談處
손으로 비렴[95] 부려 추위와 더위 조화한다　手詔飛廉調暑寒

선우에게 주다
與善愚

출세간의 대장부 세상과 달라서	出世丈夫與世殊
태고의 마음 지니고 겉은 우직타	中藏太古外如愚
자비심 놓지 않아 만물을 감화하고	慈悲不捨將移物
천지를 말없이 내 가슴에 지닌다	天地無言攬在吾
만리 청산에 좋은 벗 함께하고	萬里靑山叅善友
삼경의 흰 달빛에 성현의 책 읽네	三更素月讀賢書
앞길이 아직 머니 어찌 헤아릴까	前程尙遠何能測
다만 선풍이 영호남에 떨치기를	只望禪候振嶺湖

은적사에 쓰다
題隱跡寺

호랑이와 용 서린 듯 기세 웅장한데	虎據龍盤氣勢雄
천년의 고찰 그 사이 우뚝 서 있네	千年古寺正當中
바위 높아 유림의 달빛 두루 비치고	巖高徧照儒林月
골짜기 넓어 불해의 바람 항상 분다	洞豁長吹佛海風
병과 발우는 산의 무심한 구름 같고	瓶鉢無心雲出岫
흰 눈썹 장수 누려 솔에 깃든 학인 듯	眉毛有壽鶴棲松
기우[96] 가득한 눈으로 자주 왕래하며	杞憂滿眼頻來往
여러 손 거쳐 오늘도 저녁 종을 친다	更手至今打夜鍾

영산 선백을 늦게 추모하다
追挽影山禪伯

꿈같은 세상 무상한 줄 알았건만	夢宅無常本自知
깨달음의 길로 오고 감이 더디었네	菩提路上往反遲
팔해의 달은 금사의 세계에 숨었고	八垓月隱金沙界
구품의 연꽃은 옥과의 연못에 피었네	九品蓮開玉果池
범해의 암자 앞에 진불이 할을 하고	梵海庵前眞佛喝
봉래의 석상에서는 도량이 펼쳐졌네	蓬萊席上道場來
외로운 나그네 맹주를 잃었나니	竛竮客子失盟主
호산에 달이 지고 계수 그늘만 드리웠네	影落湖山桂蔭垂

나무 염주 송
木念珠頌

나에게 둥글고 밝은 나무 염주 있으니	我有圓明木念珠
이룬 공덕 붓으로 다 쓰기 어려워라	造成功德筆難書
손에 잡고 묵묵히 앉아 부처님께 귀의하고	手持默坐心歸佛
목에 걸고 걸으면 유자와 모습 다르네	項掛徐行服異儒
교범은 영원히 희롱한 과보를 벗었고[97]	憍梵永離輕弄報
징관[98]은 끝내 무거운 맹세를 지켰네[99]	澄觀終守重盟軀
어이하여 백팔 개 정신의 골수가	如何百八精神骨
산과 시내 행각하는 나에게 있느냐	利涉山川忝在吾

암행어사 심난소를 모시고
陪繡衣沈蘭沼

임금의 크신 은혜 남녘 끝까지 미쳐	鴻恩普洽極南中
덕의 모습과 위엄이 범궁에 가득하네	德色威容滿梵宮
옛 절에 수레 세워 곡우 소리 듣고	古寺停車聽穀雨
등 아래 손님 모여 꽃바람 노래하네	靑燈會客詠番風
한가한 구름 흐르는 곳 바위도 하얗고	閒雲歸處千巖白
따스한 기운 움직일 때 동백이 붉도다	煖氣動時萬柏紅
이런 높은 잔치 다시 얻기 어려우니	似此高筵難可得
다만 훗날 동서로 헤어질까 저어하네	只憂異日各西東

천 리 길 나그네 빗속에 체류하여	千里行人滯雨中
북극 우러르며 왕궁을 그리워하네	仰瞻北極慕王宮
백성의 괴로움 못 없애 직분 부끄럽고	民隱未除愧按法
승규가 정연하니 풍속 살펴 기쁘도다	僧規猶整喜觀風
땅 덮은 아침노을 그림이 펼쳐진 듯	羃地朝霞開活畫
개울 곁의 동백 붉은 꽃 새로 비치네	傍溪冬栢映新紅
호남의 끝 두륜산이 장중하기도 하니	湖南界限頭輪重
영루 서로 이어져 해동을 안정시킨다	營壘相望鎭海東

【난소(右蘭沼)】

대월루의 시운을 차하다
次對月樓韻

지팡이 짚고 홀로 올라 늙음을 한하니	獨杖登臨恨暮年
높은 누각 크고 밝게 반공에 솟아 있네	飛樓鴻朗半天圓
성에 노닐어도 마음은 산 위에 노닐었고	遊城念在遊山上
해를 대할 때도 마음은 대월루로 향했었지	對日心歸對月邊
땅을 가르는 시내 소리에 가랑비 더하고	劃地川聲添細雨
봄을 맞은 들판엔 아지랑이 흩어지네	迎春野色散輕烟
풍광은 모두 전인의 시구에 담겼나니	風光盡入前人句
사람 가고 시만 남아 같이 전하지 못하네	人去句存不具傳

양백오와 함께 화답하다
與梁栢塢共和

울창한 숲 층층 바위로 오솔길 통해	樹密巖層一線通
서쪽 암자 시끄러워 동쪽 암자 옮겼네	西庵紛鬧更移東
강단의 도 있는 선비 공자에 버금가는데	講筵有道侔夫子
백련사의 사업은 혜원 바랄 길 없구나	社業無緣望遠公
지팡이로 뜰 산책하며 꽃비를 보고	杖屨巡庭看花雨
의관으로 손님 마주하며 영풍을 떨친다	衣冠對客振英風
천상의 석기린[100]의 학문으로 훈도하니	熏陶天上石麟學
반드시 훗날의 성공을 기약하리로다	期在那時必告功

울창한 총림에 작은 길 통하여	鬱鬱叢林細路通
청려장으로 작은 암자 동쪽 산보한다	靑藜乍倚小庵東
심양으로 돌아간 원량[101]이 아니건만	潯陽歸去非元亮
여산에서 소요하며 혜원에게 의탁하네	廬岫樓遲托遠公
그윽한 난간 멀리 천산의 노을 머금고	幽檻遙含千嶂靄
저녁 종소리 시내 바람을 이끌고 온다	暮鐘響引一谿風
신령한 경계에서 참 부처님 법 전하여	也知靈境傳眞佛
밤이면 능엄경 읽어 온전히 공부하니	夜讀楞嚴憓做功

【백오(右栢塢)】

관호재의 시운을 차하다
次觀湖齋韻

바닷가 낮은 곳 초가 처마 이어지고	茅屋連簷瀕海低
나는 듯 누각은 호수 서쪽 자리했네	飄然飛閣鎭湖西
긴 강 일대에 고기잡이배는 두둥실	長江一帶漁舟泛
짧은 밤 삼경에 술 단지를 드노라	短夜三更酒榼提
꾀꼬리 맑은 바람에 버들에서 노래하고	鶯引淸風歌柳幕
말은 푸른 풀 뜯으며 제방에 누웠네	馬齕碧草臥莎堤
관호재의 제자들은 바람을 쐬러 가서[102]	齋中弟子乘凉去
목욕하고 옷을 터니 그림자 개울 비친다	新浴振衣影落谿

응화 강주를 애도하다
挽應化講主

칠십의 나이 세상 뉘라 적다 하리	七十人間誰謂小
백 년 신세도 한바탕 꿈¹⁰³이로다	百年身勢一蘧廬
뛰어난 제자들 문하에 넘치고	昇堂入室籌盈屋
어려운 이치 헤치는 칼날 여유로웠네	錯節盤根刃有餘
찰해에 잔 띄워 많이 왕복하였고	刹海浮盃多往復
종문에 지팡이 걸어 세월¹⁰⁴ 쌓았네	宗門掛錫積居諸
영광의 서기 밤하늘에 뻗치니	靈光瑞氣亘空夜
멀리 구름 바라보며 눈물 흘리네	遙望雲衢淚滿裾

백오재의 운을 차하다
次栢塢齋韻

늙은 잣나무 곧아 세속 밖에 맑은데	老栢亭亭物表淸
푸른 솔과 대나무 서로 멋을 다투네	靑松綠竹與相爭
붉은 잎 땅에 져 구름 속에 예쁘고	紅葩落地雲中色
푸른 가지 허공에 떠 눈 속에 우수수	翠盖浮空雪裡聲
숭산의 터에 봉지 받아 하늘 모시고[105]	受封嵩墠陪天主
묘정에서 춤추며 공명에게 헌향하네[106]	作舞廟庭獻孔明
학문 두루 관통해 선각의 이치 깨치니	淹貫斯文先覺覺
책상에 쌓인 서책에 귀신조차 놀라네	堆床卷軸鬼神驚

무성한 늙은 잣나무 그늘 맑으니	森森老栢滴陰淸
동풍에 복사꽃과 어여쁨 다툴쏘냐	肯向東風桃李爭
세한 지나 굳은 절개 온전히 하고	閱盡歲寒全勁節
섬세히 천뢰[107] 머금어 글 소리 어울리네	細含天籟襍書聲
줄기는 골짜기에 뻗어 교룡이 춤추고	榦排幽壑蛟龍舞
꽃은 봄에 앞서 피어 수월이 밝구나	花發先春水月明
솔 아래 장인께 찬술을 부탁하니	撰述敢煩松下丈
옥구슬 맑은 시운 사람 놀라게 하네	鏗鏘瓊韻使人驚

【백오(右柏塢)】

기운 상인에게 주다
贈奇雲上人

아름답다 많은 선지식을 참배하여	懿乎業已百城遊
뜬구름 인생 덧없음을 깨달았구나	證悟浮生夜壑舟
짚신으로 소요하며 스스로 즐겁고	曳履款行含我樂
구름에 높이 앉아 세상 근심 초연하네	倚雲高坐笑人愁
마조의 참선 자리에서 차를 나누고	分茶馬祖叅禪座
남전의 달빛 누각에서 담소하나니	打話南泉玩月樓
해중이 오면 누가 객관의 벗이 되어	衆海應來誰館伴
먼저 빗자루 들고 문에서 기다릴까	先居擁篲佇門頭

원해 강백에게 주다
贈圓海講伯

조계산은 원래 크나큰 총림이라	曹溪元是大叢林
다시 종풍 떨쳐 교해가 깊도다	復振宗風敎海深
찾아갈 길 없어 항상 그리웠더니	縮地無由長憶念
인연과 느낌 따라 멀리 찾아왔네	隨緣赴感遠來尋
오늘 삼가의 도 겨루어 강론하고	頡頏今日三家道
옛날의 한 조각 마음을 주고받네	授受異時一片心
높은 자리 거문고 뉘라 감상할꼬	高坐撫琴誰可賞
동서남북 모든 사람이 지음일세	東西南北摠知音

보정 상인에게 주다
贈寶鼎上人

늠름한 기개는 먼 산처럼 맑은데	棱棱氣宇遠山淸
도를 물으며 언제 복성[108]을 지났나	問道那時過福城
태평 술잔에 취하니 벽에 잠든 학이요	滿醉衢樽眠壁鶴
불법의 바다에 소요하니 큰 고래로다	優遊海藏吞舟鯨
자비심은 넉넉히 찬 바위 소리 본받고	慈良剩效寒巖響
탐욕은 끓는 주발의 소리로 여기네	利欲便同熱椀聲
부끄럽다 높은 벗 어려운 곳 찾아 주니	慚愧高朋妨難處
유리처럼 맑은 눈에 인정이 넘친다	琉璃籠眼作人情

단양
端陽

오늘날도 초강에 굴원의 넋이 잠겨	楚江今日屈魂沉
다투어 목란주 저어 깊은 물 건넌다	爭棹蘭舟幾尺深
5월이라 땅에서 음기가 움직이는데	月及天風陰動地
때는 여름 맞아 숲의 초록빛 짙구나	時當夏火綠肥林
다정한 잔치 파하고 산 정상에 올라	多情宴罷登峰頂
실컷 먹고 얼큰히 취해 옛정을 펴노라	軟飽酣餘披舊襟
약초 캐며 소요하다 돌아와 바라보니	采藥盤桓歸來望
만 길 높은 누대 범종 소리 울려오네	萬仞高臺落梵音

승주로 돌아가는 법해 장로를 보내며
送法海長老歸昇州

강단에 유유자적 일찍 공을 이루고	優遊講肆早成功
뗏목으로 한가히 불법의 바다 떠가네	寶筏閒浮梵海中
난초 향기 실컷 마시며 항상 근신하고	飽採蘭奢[1]常謹信
조사의 가르침 높이 들어 길이 유통시킨다	高提祖令永流通
전해 오는 부근[109] 그르칠까 저어하여	傳來鉏斧恐刓弊
청전[110] 굳게 지켜 인재에게 부촉하네	固守靑氈付俊雄
달고 쓴 것 따지지 않고 동사섭[111] 행하여	甘苦不論同事攝
일상생활에서 옛 가풍을 드날리도다	揄揚日用古家風

---

1) ⑭ '奢'는 '香'의 오기인 듯하다.

청봉 장로에게 주다
贈淸峰長老

천산을 뼈로 삼고 만강이 마음이니 千山爲骨萬江心
일월성신이 흉금을 환하게 비춘다 日月星辰並照襟
낙하생 맑은 소리 흉내가 많으니[112] 掩鼻淸聲曹習衆
도리어 법인과 보장의 심오함 나무라네 反呋法印寶藏深
지팡이로 방초 길 걸어 선각 참배하고 杖臨芳草叅先覺
몸은 노을빛 띠고 옛 숲을 향하네 身帶紫霞向舊林
온 나라의 종풍이 처마에 불어오니 一國宗風吹屋角
어깨 해진 납의로 가만히 아는구나 半肩破衲暗知音

무위 형을 애도하다
挽無爲兄

가을밤 달빛에 기러기 높이 나는데	一雁高飛秋月夜
아득히 어느 곳이 서방 불국토인가	遙看何處是蓮邦
참선의 그림자 암자의 벽에 비치고	叅禪體照三椽壁
염불 소리는 작은 선방에 차갑구나	誦佛聲寒十笏房
의발은 새로 두 제자에게 전해지고	道具如新傳兩桂
유언은 뜻 따라 외로운 향기 의탁했네	遺言任意托孤芳
고희의 나이 넘기고 열반에 드니	年過稀世無爲化
머리 들어 허공 보며 눈물 흘리네	矯首瞻空淚數行
청정한 참된 몸 어디로 돌아갔는고	湛然眞體歸何處
영혼은 아마도 청정세계 이르렀으리	應想精靈到淨邦
영겁의 달빛은 국다의 실[113]에 가득하고	劫前月滿毬多室
물외의 청풍은 유마의 방[114]에 불어온다	物外風淸摩詰房
전등의 불빛 밝게 오늘에 이어 오고	傳燈昭歷至今嗣
남긴 법도 근엄하여 훗날에 향기 끼친다	遺則神嚴泊後芳
연하의 사업 문득 잊고서 떠나가니	烟霞事業頓忘去
쓸쓸히 차가운 매화와 대나무만 남았네	寂寂寒梅竹數行

【계정(右戒定)】

구곡
九曲

구곡을 따라 지팡이 기대 바라보고 　　　九曲沿來倚杖望
조암 북쪽 달려 산에 막 들어섰네 　　　曹巖北走入山初
시내는 거북이 방생하는 곳 흐르고 　　　水歸玄武放生界
열반의 재는 넓은 터에 흩어진다 　　　灰散泥洹慶快墟
무성한 솔은 봄여름 구름에 잠겼고 　　　密勿雲松春夏鎖
붉은빛 잣나무는 고금에 늘어섰네 　　　紅流萬栢古今鋪
복사꽃 푸른 무지개처럼 펼쳤는데 　　　綱花桃李靑虹亘
옥류 밟으며 진리 찾아 절에 왔노라 　　　履玉尋眞到佛居

구대
九臺

원효대 앞의 의상대에	元曉臺前義湘臺
노인성 남쪽에서 와 비친다	老人星照自南來
흰 구름 천년의 세월 흥멸하고	白雲興滅千年積
대장경은 만겁을 전한다	大藏載傳萬劫回
북궐 우러르니 하늘이 한 빛이요	拱北宸宮天一色
남녘 우뚝 영실은 바다의 잔인 듯	鎭南靈室海浮盃
장군의 활터만 부질없이 남았는데	將軍學射空留跡
길일에 신선 내려와 수연이 열린다	吉日降仙壽宴開

기정 상인에게 주다
贈奇正上人

길고 긴 겨울밤 속세 먼 곳에서	星長日短遠人烟
겨울의 학문 넉넉해 일 년을 감당한다	學足三冬敵一年
입으로 전하고 손으로 옮겨 침식을 잊고	口傳手移忘寢食
바람 불고 눈 쌓인 곳 인연을 분별하네	風吹雪積辨因緣
나는 아는 것 다 말하였고 노쇠하였으니	知無不語吾衰奈
익혀 공 이루는 것은 그대의 그릇일세	習欲成功子器然
강탑에 거듭 오는 것은 옛일이 아니니	講榻重來非古事
이름 파는 법려만 경연에 가득하구나	沽名法侶滿經筵

견성암에 올라 삼가 이 어사 돈상의 시운을 차하다【2수】
上見性庵謹次李御使敦相韻【二】

[1]

삼하에 명을 받아 도량을 열고	三河受命道場開
서로 훈지115 연주하며 오고갔네	塤篪相吹往復廻
부처님은 거듭 강론 듣고 이르고	佛聖重重聞講至
산신령은 가만히 정성 보고 오도다	山靈隱隱見誠來
향 살라 축원 마치니 북극성 멀고	燒香祝罷北辰遠
설법 소리 무르익어 남악이 높구나	分座談濃南岳嵬
멀리 천 리 밖 서울을 바라보려고	遙望長安千里外
한가할 제 한 층 누각 더 오른다	暇餘更上一層臺

[2]

하늘이 내린 명승지 남으로 열려	天鍾勝地向南開
만학천봉이 감싸 안아 도는구나	萬壑千峯轉復廻
홀로 선 서암은 과거를 잊었는데	獨立書巖忘過去
두 개의 목탑은 때가 오기를 기다리네	雙生木塔待時來
종 울리며 축수하니 바람 부는 밤 길고	鳴鐘祝壽風宵永
고향 생각 간절한데 눈산만 높구나	注意思鄉雪岳嵬
견성의 기연은 전혀 알지 못하고	見性機緣全不識
재를 보고 나서 복거대에 들었도다	觀齋幸入卜居臺

『범해선사시집』 제1권 끝
梵海禪師詩集 第一終

주

1 석옥石屋 화상 : 석옥 청공石屋淸珙(1272~1352). 중국 원元나라의 스님으로 임제종臨濟宗 18대 법손法孫이다. 1272년 강소성 상숙常熟에서 태어났다. 1292년 21세 때 소주蘇州의 흥교興敎 숭복사崇福寺로 출가했다. 고봉 원묘高峰原妙의 문하에서 공부한 다음 급암 종신及庵宗信의 법을 이었다. 이후 여러 곳에서 후학을 지도하다가 1352년 7월 23일 81세에 입적하였다. 고려의 스님 태고 보우太古普愚에게 법을 전하였다.
2 일마一馬 : 『莊子』「齊物論」에 "천지는 한 손가락이요, 만물은 한 말이다.(天地一指也。萬物一馬也。)"라는 구절이 있으니, 손가락은 부르는 이름이 다르지만 똑같은 손가락이요, 말은 여러 가지 색깔과 모습이 다르지만 똑같은 말이라는 뜻이다.
3 오마吳馬 : 미상.
4 잔사盞蛇 : 잔 속에 비친 쇠뇌의 모습을 뱀 그림자로 착각하였다는 고사이다.
5 운거雲居 : 범해 각안梵海覺岸(1820~1896)의 스승이다.
6 14세에 불도를~찾아 나서 : 각안 스님은 1833년(순조 33) 14세에 해남 두륜산 대둔사로 가서 호의縞衣 선사 문하로 출가하였다. 16세에 축발하고 하의荷衣 선사에게 십계를 받고 초의草衣 율사에게 구족계를 받았다. 그 후 호의, 하의, 초의, 문암聞庵, 운거雲居, 응화應化 등 여섯 종사에게 참학하였고 요옹蓼翁 이 선생에게 유학을 배웠다.
7 옥로屋老 : 석옥 화상을 가리킨다.
8 노 공盧公 : 육조 혜능六祖慧能(638~713). 선사의 속성俗姓이 노씨이다. 중국 선종의 제6조. 시호는 대감 선사大鑑禪師. 남해南海 신흥新興에서 출생. 집이 가난해 나무를 팔아서 어머니를 봉양했는데, 어느 날 장터에서 『金剛經』읽는 것을 듣고 발심하여 기주蘄州 황매산黃梅山으로 5조인 홍인弘忍을 찾아가 노역에 종사하기를 8개월, 그런 후에 의발衣鉢을 전수받았다. 676년 남해 법성사法性寺에서 지광智光에게 계戒를 받고, 이듬해 소주韶州 조계曹溪에 있는 보림사寶林寺로 옮겨 법을 폈으며, 그곳의 자사刺使 위거韋據의 청으로 설법하였다. 신수神秀와 더불어 홍인 문하의 2대 선사로서, 후세에 신수의 계통을 받은 사람을 북종선北宗禪, 혜능의 계통을 남종선南宗禪이라고 하였는데, 이른바 오가칠종五家七宗은 모두 남종선에서 발전하였다. 사법嗣法 제자에 하택 신회荷澤神會·남양 혜충南陽慧忠·영가 현각永嘉玄覺·청원 행사靑原行思·남악 회양南岳懷讓 등 40여 명이 있다. 그의 설법을 기록한 것을 『六祖壇經』이라고 한다.
9 외람되이 화답하니 : 원문은 '貂續'. 담비 꼬리에 개 꼬리를 잇는다는 뜻으로, 석옥 화상의 훌륭한 시를 자신의 졸렬한 솜씨로 화운하였다는 말이다.
10 돌로 이~물에 누워 : 진晉나라 손초孫楚가 산수 간에 숨어 살겠다는 뜻을 말하면서, "나는 돌을 베개로 삼고 흐르는 물에 입을 씻겠다."라고 하려는 것이 말이 잘못 나와

서, "흐르는 물을 베고 돌로 입을 씻겠노라."라고 하였다. 옆의 사람이 조롱하기를, "흐르는 물을 어찌 베개로 삼으며 돌로 어찌 입을 씻으랴."라고 하니, 그는 답하기를, "흐르는 물을 베개로 함은 귀를 씻으려는 것이요, 돌로 입을 씻음은 이를 잘 닦으려 함이다."라고 하였다는 일화가 있다.

11 청해부淸海府 : 오늘날의 전라남도 완도이다.
12 은구銀鉤와 철색鐵索 : 아주 힘차게 잘 쓴 글씨를 형용한 말이다.
13 은명恩命 : 임금의 은혜로운 명.
14 한유韓愈와 태전太顚의 의별衣別 : 당唐나라 한유가 조주 자사潮州刺史로 있을 적에 친하게 지냈던 노승 태전과 작별하면서 자신의 의복을 남겨 주었다(留衣服爲別)는 이야기가 그의 「與孟簡尙書書」라는 글에 실려 있다.
15 짚신 한 짝 : 달마 선사가 입적한 후 중국 웅이산熊耳山에 장사하였는데, 북위北魏의 송운宋雲이 서역西域에 사자使者로 갔다 돌아오던 중 총령葱嶺에서 짚신 한 짝을 들고 가는 달마를 만났다. 송운이 "대사는 어디로 가십니까."라고 묻자, 대사가 "나는 서역으로 가오."라고 하였다. 이 말을 임금에게 상세히 전하여 임금의 명으로 달마의 묘를 파고 관을 열어 보니 짚신이 한 짝만 있었다고 한다. 여기에서는 우리나라에 불법을 남겼다는 뜻이다. 『傳燈錄』.
16 제경帝京 : 중국의 수도 북경을 말한다.
17 다시 와 선정善政 펴니 : 원문은 '珠還合浦'. 합포는 중국 광동성에 있는 구슬의 산지이다. 탐욕스러운 태수가 부임하자 구슬이 나오지 않다가 뒤에 맹상孟嘗이라는 청렴한 관리가 오자 다시 나왔다고 한다.
18 행단杏壇 : 옛날 공자孔子가 제자들을 가르치던 곳이다.
19 위편 세 번 끊어지고 : 공자가 만년에 『周易』을 좋아하여(孔子晩而喜易), 죽간竹簡을 묶은 가죽 끈이 세 번이나 떨어질(韋編三絶) 정도로 탐독하면서, 『周易』을 부연한 십익十翼을 저술했다는 내용이 『史記』 권47 「孔子世家」에 나온다.
20 감원紺院 : 사찰을 말한다.
21 패엽貝葉 : ⓢ Pattra 또는 패다貝多. 나뭇잎이라는 뜻. 인도에서 종이 대신으로 글자를 쓰는 데 사용하던 나뭇잎. 삼장三藏의 경전은 이 잎에 썼다.
22 완적阮籍의 청안靑眼 : 반갑게 서로 만난 것을 말한다. 진나라 죽림칠현竹林七賢의 한 사람인 완적은 예교禮敎에 얽매인 속된 선비가 찾아오면 흰 눈(白眼)을 뜨고, 맑은 고사高士가 찾아오면 청안을 뜨고 반갑게 대했다고 한다. 『晉書』 권49 「阮籍列傳」.
23 담시曇始의 백족白足 : 고승을 가리킨다. 후진後秦 구마라습鳩摩羅什의 제자인 담시의 발이 얼굴보다도 희었는데, 진흙탕을 걸어도 더러워지지 않았으므로, 당시에 백족화상白足和尙이라고 불렀다는 고사에서 유래한 것이다. 『高僧傳』 「神異下曇始」.
24 서강西江의 물 삼키고 : 방룡龐 거사가 마조馬祖 스님에게 묻기를, "만법萬法과 짝이 되

지 않는 자는 누구입니까?"라고 하니 스님이 이르기를, "네가 서강의 물을 다 삼키면 말해 주겠다."라고 하니 거사가 곧바로 깨달았다.

25 바라이波羅夷 : ⓢ pārājika. 극악極惡·무여無餘·단두斷頭·불공주不共住라 번역. 육취계六聚戒의 하나. 계율 가운데 가장 엄하게 제지한 것. 이 중죄를 범한 이는 승려로서의 생명이 없어지고 자격을 잃는 것이라 하며, 승려 중에서 쫓겨나 함께 살지 못하며, 길이 불법 가운데서 버림을 받아 죽은 뒤에는 아비지옥에 떨어진다고 하는 극히 악한 죄. 비구는 살생殺生·투도偸盜·사음邪婬·망어妄語의 4종이 있어 사바라이라 하고, 비구니는 여기에 마촉摩觸·팔사성중八事成重·부장타중죄覆障他重罪·수순피거비구隨順被擧比丘의 네 가지를 더하여 8종이 되므로 팔바라이라 한다.

26 봄의 : 원문 '東君'은 봄의 신이다.

27 가을의 : 원문 '白帝'는 가을을 맡은 서쪽의 신이다. 가을의 빛은 흰색으로, 결백潔白을 뜻한다.

28 도서 선요都序禪要 : 도서는 3권으로 당나라 규봉 종밀圭峰宗密 지음. 『禪源諸詮集』의 내용을 해설한 책. 우리나라에서는 사집四集 과목의 하나. 선요는 고봉원묘高峰原妙 선사가 지은 것으로 선법禪法의 요의要義를 적은 책. 사집 과목의 하나.

29 망운望雲의 정 : 타향에서 고향의 어버이를 그리워하는 마음을 말한다. 당나라의 적인 걸狄仁傑이 태항산太行山에 있을 때 그의 어버이는 하양河陽에 있었다. 하양 방면의 하늘에 흰 구름이 외로이 떠 있자 좌우의 사람들에게 "나의 어버이가 저 아래 계신다."라고 하고는 서글피 오래도록 바라보다가 구름이 다른 곳으로 옮겨 가자 그 자리를 떠났다는 고사가 있다. 『新唐書』 권115 「狄仁傑列傳」.

30 해안 스님 : 부안 내소사에 주석한 스님이다.

31 투향偸香의 원력: 원래 여인이 남자에게 애정을 구하는 말인데 여기서는 스승을 그리는 뜻으로 원용한 듯하다. 진晉나라 가충賈充의 딸 오午가 한수韓壽를 좋아하여 아버지가 천자에게 하사받은 특별한 향을 훔쳐서 한수에게 주어 이 향이 오래도록 없어지지 않아 시집을 가게 되었다고 한다. 『世說新語』.

32 탈석奪席의 공 : 탈석은 원래 남의 자리를 빼앗을 만한 뛰어난 재주를 말하는데 여기에서는 제자가 뛰어나 스승을 대신한다는 의미이다.

33 황양黃楊의 노장 : 황양은 원래 나무 이름. 황양목黃楊木은 회양목이라고도 하는 키 작은 나무. 봄에 자잘한 노란 꽃이 잎사귀 사이에서 피고, 여름엔 콩알만 한 열매를 맺는다. 성장이 매우 더디고 나무질이 단단해 키가 작거나 고집불통인 사람을 비유하는 말로 쓴다. 여기서는 깨달은 곳에 주저앉아서 활용하는 솜씨가 없는 선객을 꾸짖는 말.

34 적제赤帝의 번창 : 새로운 불교의 번창을 이룬다는 의미로 보인다. 한漢나라 고조高祖가 길을 가다가 흰 뱀을 보고 칼로 베어 죽였다. 조금 후에 노파가 나타나 울고 있어 물어보니 아까의 뱀은 백제白帝의 아들인데 적제의 아들이 죽였다고 하였다. 이는 고

조가 진秦나라를 멸망시키고 새 왕조를 세울 징조였다. 『史記』「高祖本紀」.

35 성차性遮의 계율 : 성계性戒↔차계遮戒. 성계는 구계舊戒·주계主戒·실계實戒·성중계性重戒라고도 함. 살생·도盜·음婬·망妄의 사종계와 같은 계율. 그 일의 성질이 도리에 위반되어 죄악이 될 것을 금한 것. 차계는 불음주계不飮酒戒·사십팔경계 등을 말함. 술 마시는 것 자체는 죄악이 아니나, 술을 마심으로써 여러 가지 죄악을 저지르게 되므로 부처님께서 막는다. 이와 같이 부처님이 막음으로 인하여 계가 된 것을 차계라 한다.

36 남전南泉의 달 : 마조馬祖 스님이 달빛을 구경하다가 제자들에게 이르기를, "이럴 때에 무엇을 하면 좋겠느냐?"라고 하니 서당 지장西堂智藏이 말하기를, "공양하기 좋습니다."라고 하였고, 백장 회해百丈懷海는 말하기를, "수행하기 좋습니다."라고 하였는데, 남전 보원南泉普願은 소매를 털고 곧바로 가 버렸다. 마조가 이르기를, "불경은 지장에게로 갈 것이요, 선禪은 회해에게로 돌아갈 것이요, 보원은 홀로 물외物外에 초연할 것이다."라고 하였다.

37 누항陋巷의 거문고 : 안빈낙도安貧樂道하는 생활을 말한다. 『論語』「雍也」에 "한 대광주리의 밥과 한 표주박의 물을 먹으며 궁벽한 시골에서 사는 것을 다른 사람들은 견디지 못하는데 안회顔回는 그 즐거움을 고치지 않았다.(一簞食。一瓢飮。在陋巷。人不堪其憂。回也不改其樂。)"라고 하였다.

38 일곱 벗 : 죽림칠현처럼 마음에 맞는 벗을 말하는 것으로 보인다.

39 한나라 유자의 청탁淸濁 : 후한後漢 말에 선비들이 군자와 소인들로 나뉘어 싸움이 심하다가 당고黨錮의 화禍가 발생해서 현인들이 일망타진된 적이 있다. 여기서는 맑은 선비들을 본받겠다는 뜻인 듯하다.

40 진나라 선비의 유무有無 : 장자莊子가 어느 날 산길을 가다가 큰 나무를 보았는데 쓸모가 없었다. 장자는 제자들에게 이 나무는 쓸모가 없어서 온전할 수 있었다고 말했다. 산에서 내려와 친구 집에 묵었는데 친구가 거위를 잡아 대접하였다. 하인이 잘 우는 거위와 울지 못하는 것 가운데 무엇을 잡을 것인가 하고 묻자 울지 못하는 거위를 잡으라고 하였다. 제자들이 산의 나무는 재주가 없어 온전히였고 거위는 재주 없어 죽였으니 무엇을 택하겠느냐고 묻자 장자는 재주와 재주 없는 사이에 처하겠다고 하였다. 『莊子』「山木」.

41 백비百非 : 사구분별四句分別·사구문四句門이라 하여 변증법辯證法의 한 형식. 사구는 정립定立·반정립反定立·긍정종합肯定綜合·부정종합否定綜合이니, 이제 유有와 공空으로 만유 제법을 판정할 때에, 제1구의 유는 정립, 제2구의 공은 반정립, 제3구의 역유역무亦有亦無는 긍정종합, 제4구의 비유비공非有非空은 부정종합이며, 처음 2구를 양단兩單, 뒤의 2구를 구시구비俱是俱非 또는 쌍조쌍비雙照雙非라 한다. 백비는 부정을 거듭하는 것으로서, 몇 번이고 부정을 거듭할지라도, 참으로 사물의 진상을 알기

어려울 때에 써서, 중생들의 유무有無의 견해에 걸림을 없애게 하는 것.
42 부침浮沈하며 : 열심히 애쓴다는 뜻.
43 생모生毛 : 어떤 스님이 "달마 조사가 서쪽에서 온 뜻이 무엇입니까?"라고 물으니 조주선사가 답하기를, "판자때기 이빨에서 털이 난다.(板齒生毛)"라고 하였다. 화두를 참구한다는 말이다.
44 관락關中洛 : 관중關中과 낙양洛陽. 관중의 장재張載, 낙양의 정호程顥 · 정이程頤를 가리키는 말로 송대宋代의 학문을 말한다.
45 화천貨泉 : 돈과 곡식 등 재물을 말한다.
46 초서의 초가 가리키네 : 미상. 당나라 스님 회소懷素는 초서의 명인인데, 종이가 없어서 대신 파초를 많이 심어 그 잎에다 글씨를 썼다고 한다.
47 중부中孚 : 초의 의순草衣意恂(1786~1866)의 자.
48 고소성의 배 : 중국 당나라의 시인 장계張繼가 지은 시 〈楓橋夜泊〉에 "달 지고 까마귀 우는데 하늘엔 서리 가득 강가 단풍과 고깃배 등불에 시름 마주하여 졸고 있네. 고소성 밖에 한산사의 종소리가 한밤중에 객선까지 들려오네.(月落烏啼霜滿天。江楓漁火對愁眠。姑蘇城外寒山寺。夜半鐘聲到客船)"라는 시가 있다.
49 구름은 청산에~하늘에 있네 : 낭주자사朗州刺史 이고李翱가 "어떤 것이 도道입니까?"라고 묻자, 약산藥山이 손으로 위아래를 가리키면서 "알겠느냐?"라고 하였다. 이고가 이해하지 못하겠다고 말하자 약산이 "구름은 푸른 하늘에, 물은 물병에 있네.(雲在青天水在瓶)"라고 하였다.
50 분좌分座 : ① 석가모니가 가섭迦葉에게 반좌半座를 나누어 앉게 한 일. ② 선림禪林에서 수좌首座가 주지를 대신하여 교화하는 일. 여기에서는 교화하는 일이다.
51 생사의 큰 꿈 : 원문은 '奠楹大夢'. 『禮記』 「檀弓」에 공자孔子 임종 때의 상황을 쓴 기사가 있다. 공자는 두 기둥 사이에 앉아서 밥상을 받는 꿈을 꾸고는, 은인殷人이 두 기둥 사이에 빈소殯所를 만드는 일을 생각하여, 자기가 은인의 후예여서 머지않아 죽게 될 것을 알았다는 것이다. 공자가 두 기둥 사이에 앉아 제수를 받는 꿈을 꾸고(夢坐奠於兩楹之間) 얼마 뒤에 죽은 고사에서 유래하였다.
52 뛰어난 재주 : 오색이 찬란한 봉황의 터럭을 이르는데 이는 곧 자식이 훌륭한 아버지를 잘 닮은 것을 비유한 말로, 진대晉代의 명신 왕도王導의 아들 왕소王劭가 일찍이 시중侍中이 되어 대궐 문을 출입할 적에 환온桓溫이 그를 바라보고 말하기를, "대노에게는 본디 봉황의 터럭이 있었다.(大奴固自有鳳毛)"라고 했던 데서 온 말이다. 대노는 곧 왕소를 지칭한 것이다. 『世說新語』 「容止」.
53 신야莘野의 신채莘菜 : 상商나라의 이윤伊尹이 신야에서 농사를 짓다가 탕湯임금에게 등용되었다. 이후 신야는 은거하는 곳으로 쓰인다. 신야의 채소같이 곧다는 뜻인 듯하다.

54 분수焚修 : 부처님 앞에 향불을 피우고 불도를 닦다.
55 호리蒿里 : 죽은 이를 애도하여 짓는 장송가葬送歌를 말하는데, 왕공王公 귀인貴人들에 대해서는 보통 해로곡薤露曲이라 하고, 사대부와 서인에 대해서는 호리곡蒿里曲이라 한다. 『史記』 「田儋傳」 주注.
56 상저가相杵歌 : 절구질할 때 박자를 맞추며 부르는 노래. 전국시대 진秦나라의 어진 재상 오고 대부五羖大夫가 죽자, 진나라 남녀가 눈물을 흘리며 동자는 노래 부르지 않고 방아를 찧는 사람은 절구질 노래를 하지 않았다고 한다. 『史記』 권68 「商君列傳」.
57 진나라 동자들 : 진시황秦始皇은 중국을 통일한 후 죽지 않고 향락을 누리고자 하여 방사方士 서불徐市의 주청에 따라 삼신산에 가서 불사약을 구해 오도록 젊은 남녀 3천 명을 바다에 띄워 보냈다. 그러나 그들은 끝내 돌아오지 않았다. 여기서는 바다가 멀고 풍치가 좋아 그 사람들이 있을 듯하다는 말이다.
58 영해瀛海 : 큰 바다를 뜻하는데 여기에서는 제주 해협을 가리킨다. 시의 본문에서 여서도餘鼠島는 섬 이름이고 영주는 瀛州는 제주도의 옛 이름이다.
59 초요鷦鷯새 : 초요는 뱁새이다. 『莊子』 「逍遙遊」에 "초요가 깊은 숲속에 살아도 한 가지에 불과하다.(鷦鷯巢於深林。不過一枝。)"라고 하였다.
60 붕명鵬溟 : 붕정만리鵬程萬里의 원대한 길이다. 『莊子』 「逍遙遊」에 "붕새가 남쪽 바다로 날아갈 때는 물을 3천 리나 박차고 회오리바람을 타고 9만 리나 날아오른 뒤에야 6월의 대풍을 타고 남쪽으로 날아간다.(鵬之徙於南冥也。水擊三千里。搏扶搖而上者九萬里。去以六月息者也。)"라고 하였다.
61 금모사자金毛獅子 : 금빛 갈기를 가진 사자로, 뛰어난 선객이나 인물을 가리킨다.
62 기린아麒麟兒 : 양梁나라 문인 서릉徐陵이 처음 났을 때 보지 화상寶誌和尙이 와서 보고 머리를 어루만지면서, "이 아이는 천상天上의 석기린石麒麟이다."라고 하였다. 또 두보杜甫가 서경徐卿의 두 아들을 칭찬하여 〈徐卿二子歌〉를 지었던 데서 온 말로, "그대는 못 보았나, 서경의 두 아들 뛰어난 것을. 좋은 꿈에 감응하여 연이어 태어났다네. 공자와 석가가 친히 안아다 주었다니, 두 아이는 모두가 천상의 기린아일세.(君不見徐卿二子生絶奇。感應古夢相迫隨。孔了釋氏親抱送。竝是天上麒麟兒。)"라고 하였다.
63 업수鄴水에 구름~연꽃 빼어나고 : 업수는 조조曹操의 아들 조비曹丕가 도읍한 곳이다. 조조와 그의 두 아들 조비와 조식曹植은 시문에도 뛰어나 당시의 문단을 주도했다. 이 시구의 출처는 조조 삼부자 혹은 그들이 후원했던 건안칠자建安七子 등의 시문에 있는 듯한데 찾지 못했다.
64 위성에 비~빛 새롭구나 : 당唐나라 시인 왕유王維의 시 〈陽關曲〉에 "위성의 아침 비가 먼지를 적시니 객사의 버들 빛 새롭구나. 자네에게 다시 한잔 술을 권하니 서쪽으로 양관 나서면 벗이 없으리.(渭城朝雨浥輕塵。客舍靑靑柳色新。勸君更進一杯酒。西出陽關無故人。)"라고 하였다.

65 삼성혈三姓穴 : 제주시 동문 밖 송림松林에 있는 굴. 전설적 유적으로 이것에서 고을나 高乙那, 부을나夫乙那, 양을나良乙那의 세 신이 나와 탐라국耽羅國을 건국하였다고 한 다.
66 완공阮公 : 김정희金正喜(1786~1856). 본관은 경주, 자는 원춘元春, 호는 완당阮堂·추 사秋史이다. 충청남도 예산에서 출생하였다. 조선 후기의 서화가·문신·문인·금석학 자. 1819년(순조 19) 문과에 급제하여 성균관대사성, 이조참판 등을 역임하였다. 학문 에서는 실사구시를 주장하였고, 서예에서는 독특한 추사체를 대성시켰으며, 특히 예 서·행서에 새 경지를 이룩하였다.
67 태전太顚 : 한유와 교유하였던 스님.
68 급고독給孤獨 : ⓢ Anāthapiada. 아나타빈다타阿那陀擯茶陀라 음역. 본 이름은 수달須 達이며 선시善施라 번역. 기타 태자祇陀太子에게 그 원림園林을 사서 기원정사祇園精 舍를 지어 부처님께 바친 사람이다.
69 김청음金淸陰 : 김상헌金尙憲(1570~1652). 조선 중기 문신으로 청음은 호이다. 정묘호 란이 일어났을 때 진주사로 명明나라에 갔다가 구원병을 청하였고, 돌아와서는 후금 後金과의 화의를 끊을 것과 강홍립姜弘立의 관직을 복구하지 말 것을 강력히 주장하였 다. 대표적인 척화신斥和臣으로서 추앙받았고 저서에『野人談錄』등이 있다.
70 연파烟波의 시구 : 당나라 시인 최호崔灝의〈登黃鶴樓〉라는 시에서 나왔다. "옛사람은 이미 황학을 타고 떠났는데 여기에는 공연히 황학루만 남았구나. 황학은 한번 갔다 돌 아오지 않으니 흰 구름 천 년 동안 공연히 흘러가네. 맑은 날 한양 땅의 나무는 강물에 비치고 향기로운 풀은 앵무주에 흐드러지게 피었네. 해 기울어 저무는데 고향 땅은 어 드메인가. 강물 위로 안개 바람 불어 나를 수심에 젖게 하네.(昔人已乘黃鶴去. 此地空餘 黃鶴樓. 黃鶴一去不復還. 白雲千載空悠悠. 晴川曆曆漢陽樹. 芳草處處鸚鵡洲. 日暮鄕關何處 是. 煙波江上使人愁.)"
71 진경의 죽엽 배(眞卿竹葉舟) : 진계경陳季卿은 강남에 살았다. 젊어서 청룡사 도승을 찾았더니 도승은 어디 가고 종남산終南山 늙은이가 도승이 돌아오기를 기다리고 있었 다. 마침 벽 위에 지도가 있어서 강남으로 가는 길을 찾으며 탄식하여 말하기를, "어떻 게 하면 위수渭水에서 강남의 집까지 갈 수 있을까?"라고 하였더니 산옹이 말하기를, "어렵지 않다."라고 하고 어린 중을 시켜 뜰 앞에 있는 댓잎을 따 가지고 오게 하여 배 를 만들어 지도 위에 놓았다. 진계경이 자세히 보니 위수에 물결이 일어나면서 하나의 댓잎이 돛배로 변하고 배에 오르는 듯하더니 며칠 만에 집에 도착하였다.『異聞錄』.
72 개사開士 : ⓢ bodhisattva. 보살을 번역한 이름. 부처님이 될 수 있는 정도正道를 열어 중생을 인도하는 사부士夫란 뜻. 또 고승高僧의 칭호로도 쓴다.
73 종일 어리석은 듯 : 공자께서 말씀하셨다. "안회와 하루 종일 얘기해 보면, 나의 뜻을 어기지 않는 게 마치 어리석은 사람 같다. 그러나 물러난 뒤의 그의 사생활을 살펴보

면 역시 나의 뜻을 잘 실행하고 있으니, 안회는 어리석지 않다.(子曰。吾與回。言終日。不違如愚。退而省其私。亦足以發。回也不愚。)"『論語』「爲政」.

74 위편韋編 : 위편삼절韋編三絶에서 나온 말이나 여기에서는 유가의 경전을 가리킨다.
75 해양海陽 : 광주 또는 광산光山의 옛 이름이다.
76 하인들은 괴로이~손님 비방하네 : 관에서 종이, 짚신, 누룩 등의 공물을 바치라는 통보나 절을 방문하겠다는 통보인 듯하다. 말 없는 손님은 관리들이 기녀를 이끌고 사찰을 찾아 풍류를 즐길 때 기녀에게 말도 못 붙인 채 어정쩡하게 앉아 있는 승려를 말하는 듯하다.
77 서경徐卿의 두 아들 : 두보杜甫가 서경의 두 아들을 칭찬하여 〈徐卿二子歌〉를 지었던 데서 온 말이다. 주 62 참조.
78 소씨蘇氏의 세 봉우리 : 송宋나라의 소순蘇洵이 세 봉우리로 된 석가산石假山을 만들어서 자신과 두 아들 소식蘇軾과 소철蘇轍에 견주었다.
79 괘탑掛搭 : 승려가 사찰에 머무는 것. 의발을 승당에 걸어 둔다는 의미다.
80 탄보묘誕報廟 : 전라북도 남원에 있는 사당. 중국 삼국시대 촉蜀의 장수인 관우關羽의 위패를 모신 사당이다. 임진왜란 때 관우의 혼령이 나타나 대낮에 천둥과 번개가 일어 왜적들이 두려움에 떨었다. 왜란이 끝나자 관우를 숭배하는 신앙이 생겨 사당을 짓고 제사를 지내게 되었다.
81 대제大帝 : 관우를 말한다.
82 화두話頭 : 원문은 '放下'로, '放下着'. 엄양 존자嚴陽尊者가 조주趙州에게 "한 물건도 지니지 않았을 때는 어떠합니까?"라고 물으니 조주가 이르기를, "놓아라.(放下着)"라고 하였다.
83 허소치許小痴 : 허련許鍊(1808~1893). 본관은 양천陽川, 자는 마힐摩詰, 호는 소치. 전라남도 진도珍島에서 출생하였다. 조선 후기의 서화가. 추사 김정희金正喜의 제자로 글, 그림, 글씨에 모두 능하여 삼절三絶이라 불렸다. 스승을 따라 추사체를 쓰기도 했다. 〈夏景山水圖〉 등의 작품이 있다.
84 부서簿書 : 공문서를 말한다. 여기에서는 번거로운 공무를 지칭한다.
85 근진根塵 : 또는 근경根境. 눈·귀·코·혀·몸의 5근根 또는 뜻을 더하여 6근과 빛·소리·냄새·맛·촉감의 5진塵 또는 법진을 더하여 6진을 말한다.
86 우공藕孔의 산천 : 『阿含經』 권16에 아수라阿修羅와 천제天帝가 전쟁을 했는데 아수라가 크게 패하여 상군象軍·마군馬軍·차군車軍·보군步軍의 사군四軍이 모두 연잎 속으로 숨었다고 한다. 여기서는 호중천壺中天과 같은 의미로, 신선이 사는 감춰진 비경을 말하는 듯하다.
87 초수의 달~영혼도 하얗고 : 굴원屈原(B.C. 343?~278?)은 중국 전국시대의 정치가이자 시인으로 초楚나라 회왕懷王의 치하에서 좌도左徒(左相)의 중책을 맡았다. 후에 참소

를 받아 쫓겨나서 양자강의 지류인 원수沅水와 상수湘水 사이를 배회하다가 강에 빠져 자살하였다. 여기에서는 달이 아주 밝아 굴원의 영혼을 하얗게 비춘다는 뜻이다.
88 상산에 세월~머리만 세었네 : 상산商山은 중국 진시황 때에 난리를 피하여 네 현인인 동원공, 기리계, 하황공, 녹리 선생甪里先生이 은거한 곳이다. 이들은 상산사호商山四皓라 불렸는데 모두 눈썹과 수염이 흰 노인이었다. 이 시에서는 스님 자신도 오랫동안 은거하다 머리만 세었다는 뜻이다.
89 천중절天中節 : 음력 5월 5일. 수릿날이라고도 한다. 중국에서는 중오重午·중오重五·단양端陽·오월절이라고도 한다. 단오는 초오初五의 뜻으로 5월의 첫째 말(午)의 날을 말한다. 음력으로 5월은 오월午月에 해당하며 기수奇數(홀수)의 달과 날이 같은 수로 겹치는 것을 중요시한 데서 5월 5일을 명절날로 하였다.
90 대둔사 안에서 : 원문의 '內良'은 '안에'라는 뜻의 이두식 표기이다.
91 육환六環 : 육환장六環杖. 곧 고리가 여섯 개 달린 지팡이.
92 세 번 축원하네 : 원문은 '祝華三'이다. 『壯子』에 화華 땅의 봉인封人이 요堯임금에게 수壽·부富·다남자多男子 세 가지를 축원했다는 이야기가 있는데, 임금을 축원한다는 뜻이다.
93 곡신谷神 : 노자老子 『道德經』에 "곡신은 죽지 아니하니 이를 현빈玄牝이라고 한다. 현빈의 문을 천지의 뿌리라고 한다.(谷神不死. 是謂玄牝. 玄牝之門. 是謂天地根.)"라는 구절이 있다. 곡신은 곧 도를 가리킨다.
94 진晉나라 사대부라 : 중국 진나라의 사대부들은 청담淸談을 즐겨 하고 맑고 고상한 풍치를 추구하였다.
95 비렴飛廉 : 바람의 신이다.
96 기우杞憂 : 『列子』의 「天瑞篇」에 나오는 말로 중국 기杞나라의 사람이 있었는데, 그는 하늘이 무너지고 땅이 꺼질까 근심하였다. 쓸데없는 걱정을 일컫는다.
97 교범憍梵은 영원히~과보를 벗었고 : 여기 나오는 교범은 『楞嚴經』에 등장하는 교범발제憍梵鉢提를 가리킨다. 그는 과거세에 사문을 희롱한 죄로 세세생생 소처럼 되새김질하는 병이 생겼는데, 여래의 가르침을 받고 아라한과를 이루었다고 한다. 계환의 『楞嚴經要解』(X11, 826c)에 따르면, 부처님께서 사람들이 교범발제를 비방하는 일을 멈추게 하기 위해 그에게 염주를 주어 항상 염불하게 하였다.
98 징관澄觀(738~839) : 중국 당나라 스님. 화엄종 제4조. 자는 대휴大休, 청량산에 있었으므로 청량 대사라 하였다. 14세에 승려가 됨. 불교의 교학과 내외의 학예學藝를 폭넓게 연구. 주로 화엄교에 관한 저술과 종의宗義를 밝혀 넓히기에 노력. 현수賢首가 죽은 뒤에 그의 제자인 혜원慧苑이 스승의 학설을 어기는 논을 펼치므로 이에 분개, 종지宗旨의 전통에 어긋나는 것을 바로잡는 것으로 책임을 삼고, 특히 5교의 교판을 확실히 하며, 4종 법계의 성기설性起說을 대성大成. 그때에 극히 성하던 선종과의 융화

를 꾀하여, 교선일치론敎禪一致論의 기초를 마련하였다. 796년(당 정원 12) 반야 삼장이 40권 『華嚴經』을 번역하는 데 참여하고, 뒤에 그 『疏』 10권을 지었다. 839년(당 개성 4)에 나이 102세로 입적하였다. 저서로는 『華嚴經註疏』·『華嚴經隨疏演義鈔』·『華嚴經綱要』·『華嚴玄談』·『華嚴略義』·『法界玄鏡』·『三聖圓融觀』 등 4백여 권이 전한다. 법을 전한 제자가 1백여 인인데, 종밀宗密·승예僧叡·보인寶印·적광寂光을 4철哲이라 한다.

99 징관은 끝내~맹세를 지켰네 : 이는 징관이 세운 열 가지 맹세 가운데 '손에서 원명한 염주를 놓지 않겠다(手不釋圓明之珠)'는 내용을 가리키는 것으로 보인다.

100 천상의 석기린 : 훌륭한 인물을 가리킨다. 주 62 참조.

101 심양潯陽으로 돌아간 원량元亮 : 원량은 도연명陶淵明의 자字로, 도연명이 팽택彭澤 현령으로 잠시 나갔다가 뜻에 맞지 않아 다시 가족이 있는 심양으로 돌아온 일을 가리킨다.

102 제자들은 바람을 쐬러 가서 : 공자孔子의 제자들이 각각 자신의 뜻을 말했는데 마지막에 증점曾點이 뜻을 말하기를, "나는 늦은 봄에 젊은 제자와 어린 동자 몇 명을 데리고 기수沂水에 가서 목욕하고 바람을 쐬며 시나 읊으며 돌아오겠다."라고 하니 공자가 증점의 높은 기상을 인정하고 칭찬하였다. 『論語』 「先進」.

103 한바탕 꿈 : 원문 '蘧廬'는 객관客館인데, 이 세상은 잠시 머무르는 곳이라는 뜻이다. 『莊子』.

104 세월 : 원문은 '居諸'. 『詩經』의 "해여 달이여 이 땅을 비추시니.(日居月諸。照臨下土。)"에서 나온 말이다.

105 숭산崇山의 터에~하늘 모시고 : 숭산의 천봉관天封觀에는 세 그루의 오래된 잣나무가 있었다. 측천무후則天武后는 천봉관에 행차하여 이 잣나무를 오품대부五品大夫로 봉하였다.

106 묘정에서 춤추며 공명孔明에게 헌향하네 : 당唐나라 두보杜甫가 지은 「古柏行」에 "제갈공명 사당 앞에 잣나무 있어, 가지는 청동 같고 뿌리는 바위 같네.(孔明廟前有老柏。柯如靑銅根如石。)"라고 하였다.

107 천뢰天籟 : 『莊子』 「齊物論」에 나오는 말로, 자연의 소리를 가리킨다.

108 복성福城 : 선재 동자가 남순南巡을 하는 출발지. 여기서는 전라남도 순천의 지명.

109 부근斧斤 : 장주莊周가 평생 토론을 벌였던 혜시惠施의 묘소에 들러 그를 회고하며 인용했던 '운근성풍運斤成風'의 비유에서 나온 고사로서, 영인郢人의 코끝에 살짝 흙덩이를 묻혀 놓고 장석匠石이 부근을 휘둘러 흙덩어리만 떨어뜨릴 때 영인은 자세를 흐트러뜨리지 않고 태연히 있었는데, 영인이 죽고 나자 장석이 그 기술을 일체 발휘하지 않았다. 여기에서는 스승의 훌륭한 선기禪機를 뜻한다. 『莊子』 「徐无鬼」.

110 청전靑氈 : 청전구물靑氈舊物의 준말로, 으뜸가는 선조先祖의 유물遺物이라는 뜻이

다. 진晉나라 왕헌지王獻之의 집에 좀도둑이 들었을 때, 다른 물건을 훔칠 때에는 모르는 체하고 누워 있다가, 탑상榻牀에 올라 손을 대려 하자, "그 청전은 우리 집안의 구물舊物이니 그냥 놔둘 수 없겠는가."라고 말하여, 도둑을 깜짝 놀라게 했다는 고사에서 나온 것이다. 『晉書』권80 「王獻之列傳」.

111 동사섭同事攝 : 중생을 인도하여 불도를 받아들이게 하는 네 가지 방법, 즉 사섭법四攝法 중의 하나. 보살이 중생의 근기와 인연에 따라 응하여 갖가지 형태로 모습을 드러내어 일체중생과 함께 사업을 하여 이익을 얻게 함으로써 보살은 중생을 섭수攝受할 수 있고 중생은 이로 말미암아 보살을 따라 교법敎法을 신수信受하여 열반에 이르게 하는 것이다.

112 낙하생洛下生 맑은~흉내가 많으니 : 동진의 승상 사안謝安은 콧소리로 낙하생이라는 곡을 곧잘 불렀는데 당시의 많은 선비들이 일부러 코를 막고 따라 불렀다고 한다.

113 국다毱多의 실 : 국다는 Ⓢ Upagupta의 음사인 우바국다優婆毱多의 줄임말. 오바급다鄔波笈多·우바굴다優波掘多라 음역하고, 근호近護·대호大護·근장近藏·무상無相이라 번역한다. 불법을 전해 받은 제4조, 아육왕의 스승으로 마돌라摩突羅국에서 출생하였다. 17세에 상나화수商那和修에게 가서 배우고 아라한과를 얻었다. 아육왕을 위하여 우타산으로부터 화씨성에 이르러 설법하고, 왕에게 권하여 부처님의 유적에 8만 4천의 탑을 세웠다고 한다. 『付法藏因緣傳』(T50, 313a)에 따르면, 존자는 평생 많은 사람을 교화하였고, 한 사람을 제도할 때마다 산가지(籌) 하나를 석실石室에 넣었는데, 산가지가 석실에 가득 찼다고 한다.

114 유마維摩의 방 : Ⓢ Vimalakīryi. 부처님의 속제자俗弟子. 유마힐維摩詰·비마라힐毘摩羅詰 등이라고 음역하고, 정명淨名·무구칭無垢稱이라 번역한다. 인도 비야리국 장자로서, 속가에 있으면서 보살행을 닦은 이. 그 수행이 높아서 불제자로도 미칠 수 없었다고 한다. 유마의 방은 그가 거처하던 사방 1장의 방(方丈)을 가리킨다.

115 훈지壎箎 : 훈과 지는 악기로서 화음을 잘 이룬다. 형제 혹은 친구 사이의 화목과 조화를 비유할 때 쓰는 표현으로, 『詩經』「小雅」「何人斯」의 "맏형은 훈을 불고 둘째 형은 지를 분다.(伯氏吹壎。仲氏吹箎。)"라는 말에서 나온 것이다.

범해선사시집 제2권
| 梵海禪師詩集 第二 |

두륜산 환여 각안 지음
頭輪山 幻如覺岸 著

시 2
詩二[1)]

목환자 천념불
木槵子千念佛

형체는 태극과 같고 색깔은 검은빛	形同太極色同烏
구멍 뚫어 새끼줄에 천여 개 꿰었네	穿孔貫繩千介餘
봄바람 나란히 맺어 위아래 없으나	齊結春風無伯仲
가을 달 고루 나눠 영허의 이치 있구나	均分秋月有盈虛
미더운 이 만나면 공덕 이루며 돌리고	幸逢信士成功轉
마침 재를 맞으면 자주 부처님 부르네	適値齋辰數佛呼
불경에 마왕의 번뇌 끊는다고 일렀으니	經曰波王煩惱斷
염주 지닌 행자는 서방에 이어 태어나리	持珠行者繼生西

---

1) ㉮ '詩二' 두 자는 편자가 보입하였다.

한양 안기선에게 화답하다
和漢陽安期仙

때때로 빗자루 잡아 뜰을 쓰나니	乘時執箒掃中庭
신선을 부르지 않아 소식 그쳤네	不速遊仙問訊停
소매 걷고 책 보며 흑백 분별하고	褰袖閱書分黑白
시 짓고 서책 만들며 단청 그린다	題詩作軸畫丹青
금산의 묘계는 언설로 깨우치고	金山妙契曉饒舌
백련사 기연은 형해를 잊었노라	蓮社奇緣暗忘形
종이에 붓 휘두르니 신력이 뛰어나	筆耕紙地何神力
나라의 재에 명으로 『법화경』 필사한다	國齋命寫法華經

무설천
無說泉

절 동쪽 암자 아래 큰 시냇가	寺東庵下大溪邊
돌 사이에 샘물이 용솟음치니	湧出石間一眼泉
물병 위 녹양에 삼세의 비 내리고	缾上綠楊三際雨
비석 앞 납자는 사시의 신선이라	碑前緇衲四時仙
신음하는 노약자 행렬이 이어지고	殿屎老弱連頭尾
궁핍한 아이들 앞뒤를 다투네	偪側兒孫爭後先
무설의 이름 참으로 까닭 있으니	無說得名良有以
천년의 폐단이 전해질까 저어함이라	千年昭弊恐相傳

봉화에게 주다
贈奉和

뜻 세워 사방 유람하며 선우 찾으니 　　　　立志遊方善友尋
봄빛이 얼굴 가득 마음은 정성이라 　　　　韶光滿面有誠心
『능엄경』 속에 석 달 봄이 저물어 가고 　　楞嚴經裏三春老
『필삭기』 속에 한여름 깊어만 간다 　　　　筆削記中九夏深
일찍이 옥산에서 같이 생활하였는데 　　　曾在沃山同井臼
이제는 사원의 시내와 숲을 함께한다 　　今居宗院共溪林
학문의 길 정통하여 이름을 날리는 날 　　精通學路揚名日
내 그대 고각의 노래[1] 소중히 여기리 　　我亦重生叩角吟

재현에게 주다
贈在玄

세상일 끝없고 세월도 깊어 가는데	世事無終日又深
초연히 자취 감추어 총림에 들었네	超然隱跡入叢林
숙세의 인연 있어 훌륭한 스승 만나고	宿緣有會逢明眼
전생의 업 훼손 없어 도심을 드러낸다	前業無虧發道心
얼굴엔 봄 동산의 버들 빛 가득하고	面帶春園楊柳色
가슴엔 달밤의 금슬 소리 품었어라	胸藏月夕瑟琴音
어리석고 지혜로움 처음은 유사하기에	可知愚智稍相似
훗날의 성공 여부는 다 오늘에 있다네	末后成不摠在今

근학에게 주다
贈謹學

발원하여 출가함은 일찍이 이유가 있으니 　　發願出家夙有由
근진 보고 혜명 이어 미혹의 흐름 건너고자 　　觀塵延壽渡迷流
계율과 불경을 선후로 신업을 다스리고 　　戒先經後治身業
참선 파하고 행각 마쳐 자비의 배 되었네 　　叅罷行終作濟舟
저녁에 우공 송별하고 아침에 그댈 보내니 　　暮送祐公朝送學
그대는 왕성한 봄이요 나는 가을 같구나 　　君如春旺我如秋
부지런히 선각자 참배하여 지견을 넓히면 　　勤叅先覺廣知見
종문의 가풍을 이어 고해를 편케 하리라 　　克續門風鎭海頭

찬민 소사에게 주다
與贊敏小師

한번 몸과 옷 바꾸자 마음도 바뀌어	一改形衣亦改心
부지런히 청정업 닦아 부침을 면했네	勤修淨業免昇沉
삼함²을 준수하니 사람들이 허여하고	三緘遵守人皆許
사서³의 공부 이루어 스스로 찾았네	四序功成自可尋
천지는 말없이 만물을 생성하고	天地不言生萬物
귀신은 자취 없으나 천금보다 무겁네	鬼神無跡重千金
처신함에 하필 훈계를 띠에 쓰리오⁴	行身何必書紳戒
나의 마음 받들어 외침을 막을지어다	奉我心王防外侵

동일 상인에게 주다
贈東一上人

높이 세상 초탈하여 청산에 복거하니	高超物外卜青山
암혈의 솔바람이 한가한 벗이로다	巖穴松風伴侶閒
시내 소리에 산보하며 세월을 잊고	散步溪聲忘歲月
산악의 기운 삼켜 추위와 더위 견딘다	能吞岳氣耐溫寒
오늘 생활 함께하니 얼마나 다행인지	今朝何幸同烟火
훗날 단연코 봉황의 비상을 보리로다	他日端宜見鳳鸞
만상이 동쪽 임하여 한 나무를 내니	萬像東臨生一樹
피는 꽃 지는 열매가 세상에 가득하다	開花落子徧人間

익운 상인에게 주다
贈翼雲上人

명안의 납자 찾지 않은 지 몇 년인가	休訪明師幾許年
봄바람에 다시 예 놀던 인연 이었네	春風更續舊遊緣
백비[5] 깨끗해지자 진상이 드러나고	百非淨盡眞常露
삼우[6]의 절차탁마 손익이 원만하다	三友磋磨損益圓
새는 숲을 선택하고 고기는 물 가리며	鳥擇棲林魚擇水
구름은 창해에 흐르고 달은 하늘 떠 있네	雲浮滄海月浮天
한 길 무성한 잡초 속 황량한 뜰에서	艸深一丈荒庭外
어인 일로 치마 걷고 붉은 연꽃 캐는가	何事褰裳采赤蓮

운포 이 사백의 시운을 차하다
次雲圃李詞伯韻

한가롭게 여러 스님과 불법 얘기하며	閒携諸釋共談空
고찰에서 삼복의 무더위를 보낸다	消遣庚炎古寺中
달빛 누각에 옮기니 숲은 녹음 짙고	移席月樓林漲綠
차 마시니 뜰의 붉은 꽃 사발에 어린다	喫茶花苑椀浮紅
성정 도야하여 어리석은 세속 다스려	熏陶性理懲愚俗
위의를 직접 뵈니 도를 접해 통했구나	日擊威儀接道通
결사하여 향기 끼친 지 이미 여러 해	結社流芳年已久
올가을 다시 옛 선비의 풍격 보노라	今秋更見舊儒風

적련암에 거처하며
居赤蓮庵

35년 만에 떠났다 다시 돌아오니	三十五年往復廻
임천은 의구한데 집은 쓰러질 듯	林泉如舊屋將頹
보리수 푸르니 기쁨이 넘치고	菩提樹綠多歡喜
대추 열매 붉어서 심었다고 자랑하네	刺棗實紅詑種栽
화평한 기운에 봄물이 이르더니	時得太和春水至
해가 가뭄 들어 새벽별 재촉하네	歲行旱魃曉星催
차가운 창밖에 가을바람 소슬한데	秋風蕭瑟寒窓外
들사람 와서 곡식값 비싸다 하네	野客來言貴穀財

이송파를 애도하다
挽李松坡

차 달이며 시운 화답한 지 몇 해인가	煎茶和韻幾多年
모두 동파의 옛 인연 이었다 여겼네	人謂東坡續舊緣
귀 기울여도 다시는 맑은 소리 없어	傾耳更無淸耳語
책을 펴다가도 다시 덮으며 슬퍼하네	展書反有掩書憐
남방의 높은 선비 어디로 가시었나	南方高士歸何處
북두의 기운으로 태어나 저 하늘 향했네	北斗降生向彼天
녹음 짙은 좋은 계절 빈자리 공허하니	綠漲佳時虛一座
슬픈 바람 우는 시내에 안개만 흐를 뿐	風愁澗咽但流煙

영산화
映山花

영산홍이 쾌년헌에 활짝 피어나니　　　映山紅映快年軒
진불암 벽해원에 옮겨 심었네　　　　　移種眞庵碧海園
찾아온 사람들 비단 속에 얘기하고　　　尋到人皆衣錦語
날아온 새도 불꽃 피하며 지저귄다　　　飛來鳥必避燃喧
차 달여 따르기 전 꽃그릇 열고서　　　煎茶未酌開花器
땅을 쓰니 티끌 없어 불더미 앉은 듯　　掃地無塵坐火團
가는 비 걷히고 바람도 고요한데　　　　細雨纔收風不起
한가한 뜰에 흔들리며 담장 비추네　　　閒庭自動映周垣

조 사백의 운에 화하다
和曹詞伯韻

구곡의 남풍에 가는 비 걷히고	九曲南風細雨晴
꾀꼬리 나는 초록빛 동천 밝구나	鶯飛草綠洞天明
꽃이 핀 작은 뜰에 문옹[7]이 이르러	花開小院文翁至
초저녁 술 차리니 촛불 그림자 어린다	酒設初昏燭影生
산중에서 이야기하며 함께 지새고	晤語山中同宿寤
자리에서 각각 시를 지어 읊는다	吟題席上各詩成
유수와 낙엽처럼 사람도 늙어 가니	水流葉落人隨老
이제 토란을 굽는 정[8]을 펼친다	漏泄當今煨芋情

쾌년각에 쓰다
題快年閣

새로이 법우 열어 멧부리 자리하니	新開法宇鎭崗頭
용과 호랑이 서린 듯 골짜기 흐른다	虎踞龍盤百谷流
옛 절에 천년의 좋은 운이 돌아오니	古寺千年回運吉
잔승은 발우 하나 거처가 그윽하네	殘僧一鉢卜居幽
맑은 바람 동다의 흥 불러일으키고	淸風吹起東茶興
좋은 새 재잘대며 괜한 시름 나눈다	好鳥噪分謾語愁
힘을 다해 공덕 이룬 비보의 땅에서	竭力成功裨補地
헛되이 곡식 소비하며 한가히 노닌다	虛消水火等閒遊

윤송하에게 화답하다
和尹松下

벽동에 비 갠 뒤 가을 기운 서늘한데　　　　　碧洞秋凉雨后生
높은 암자 종소리 흰 구름에 퍼진다　　　　　　高庵鐘落白雲平
맑은 누각 그늘에서 빼어난 시구 읊고　　　　　詩中傑作淸樓蔭
차가운 시내 소리에 지상의 신선 놀이　　　　　地上仙遊冽澗聲
벗어진 머리로 압운하니 절로 부끄럽고　　　　押韻童頭心自愧
어지러운 눈으로 이별하니 길은 비꼈네　　　　臨離眩目路猶橫
쾌년각에 푸른 등불로 하룻밤 지새며　　　　　靑燈一夜快年閣
가슴속의 다하지 못한 정을 얘기한다　　　　　說罷胸中未盡情

영주 십경 【2수는 없어졌다.】
瀛洲十景【二首逸】

[1] 백록담의 늦은 눈 鹿潭晚雪

한라산 정상에 백록담 맑으니	漢挐絶頂鹿潭淸
해마다 물이 고여 거울처럼 잔잔하다	積水年年鏡面平
늦은 눈 녹아 내려 냉기와 온기 지속하고	晚雪流澌恒冷煖
신룡이 변화하니 흐림과 맑음 반복된다	神龍變化忽陰晴
선옹은 사슴 타고 마음껏 떠나가고	仙翁騎鹿恣情去
풍백은 물결 일으키며 직분을 행하네	風伯藻紋奉職行
백록이라 부른 것 참으로 까닭 있으니	白鹿命名良有以
동쪽으로 넘치는 물도 본래 난 것 아닐세	向東漲溢本非生

[2] 영실기암 瀛室奇巖

천하의 삼산[9]은 바다 가운데에	天下三山在海中
그중 영주가 가장 크게 신통하구나	瀛洲第一大神通
건곤이 개벽할 때 영실의 바위 되니	乾坤開闢爲靈室
산과 시내 분명해 세찬 바람 이누나	岳瀆分明起猛風
오백의 기암이 남녘에[10] 나란히 서니	五百奇巖齊翼軫
삼천의 동남동녀[11] 신선을[12] 방문하네	二丁童女訪期松
속인의 자취 선계의 길 범하기 어려우니	凡蹤難犯仙曹路
무궁한 변화는 지리 봉래산보다 낫구나	變化無窮勝異蓬

[3] 정방폭포 正方瀑沛

| 백록담 물이 넘쳐 동쪽으로 흘러와 | 鹿潭水溢向東來 |
| 바다로 쏟아지며 우렛소리 내누나 | 流注海中大震雷 |

바위가 시내 되어 천 길 폭포 되고 　　　　全石爲溪千丈瀑
정방이 굴이 되어 만 층 누대로다 　　　　正房作窟萬層臺
여산의 진면목[13] 오늘에야 보나니 　　　　廬山面目今朝見
아름다운 폭포가[14] 이곳에 감도네 　　　　白練骨髓此地回
옛 절 남은 자취 여전히 남아 있어 　　　　古寺遺痕依舊在
시비와 영욕은 눈앞의 재와 같아라 　　　　是非榮辱眼前灰

[4] 형산의 일출 荊山日出
홀로 푸른 바다 가운데 형산에 서니 　　　　獨立荊山碧海中
수미산의 보탑이 하늘 높이 솟았네 　　　　須彌寶塔柱天崇
부상[15] 아득한 곳 하늘빛이 어둡고 　　　　扶桑縹緲天光黑
양곡[16] 넓은 바다에 수경이 붉구나 　　　　暘谷渺溟水鏡紅
넓은 하늘 허공에 밝은 상 온전하고 　　　　幬乾生空明相穩
밝은 빛 밤 깨뜨려 어두움 사라진다 　　　　煒煌破夜暗候融
이윽고 광명이 삼천세계 두루 비추니 　　　　移時徧覆三千界
하필 높은 곳 올라 동녘을 바라보랴 　　　　何必登高苦望東

[5] 사봉의 낙조 紗峯落照
엷은 갑이 푸른 하늘 둘렀는데 　　　　薄紗周匝御靑空
멀리 함지[17] 바라보니 물빛 붉구나 　　　　遙望咸池積水紅
지는 해 남은 빛의 반조가 아름답고 　　　　日落餘光反照艶
미풍에 사라지는 색 석양에 어울린다 　　　　風輕殘色夕陽融
봉우리마다 담박한 수 비단 두르고 　　　　峯峯盡被淡紋繡
들판은 온통 엷은 안개에 싸였네 　　　　野野皆飛細霧籠
문득 황혼 되어 모기 떼 내려오자 　　　　忽至黃昏蚊陣下
시끄러운 소리에 해의 공덕 망각했네 　　　　喧嘩忘却一輪功

[6] 푸른 연못에 밤배 띄우고 靑淵夜泛
밝은 하늘 고요한 밤 술과 안주 좋아　　　　　天明夜靜酒肴佳
배를 띄워 피리 불며 뱃노래 부른다　　　　　　鼓角泛舟發棹歌
영해의 바람은 청연의 돛에 불어오고　　　　　瀛海風吹靑淵帆
한라산 달빛은 백파의 모래에 비친다　　　　　挐山月照白坡沙
자첨의 베개에 현상이 스쳐 지나고[18]　　　　子瞻枕上玄裳憂
맹덕의 시 속엔 오작[19]이 우는구나　　　　　孟德詩中烏鵲呀
즐거움 다하고 슬퍼지니 손님도 지쳤고　　　　樂極生哀賓亦懶
잔과 쟁반 어지러운데 두우[20]가 비꼈네　　　盃盤狼藉斗牛斜

[7] 저포로 돌아오는 돛배 底浦歸帆
남풍 소슬하고 바다 물결 잔잔하니　　　　　　南風蕭瑟海浪全
화북과 조천에서 모두 배를 띄우네　　　　　　禾北朝天並發船
물결은 하늘 닿아 붕새 길 크나크고　　　　　　積水稽天鵬路大
허공에 해 가까워 새벽빛 선명하네　　　　　　虛明近日曉光鮮
점점이 떠 있는 배는 어디로 가는고　　　　　　浮盃點點歸何處
외로운 돛배는 더디 본토 향하누나　　　　　　孤帆遲遲到國前
어부의 노랫소리 잠든 백로 깨우니　　　　　　欸[1)]乃一聲驚宿鷺
탐라성 밖에 지상의 신선 유람하네　　　　　　耽羅城外地行仙

[8] 옛 숲의 목마 古藪牧馬
세 고을이 목장을 교대로 감시하여　　　　　　元場三邑轉輪監
가을을 맞아 마구간의 말들 사열하네　　　　　山馬臨秋閱櫪緘
옛 숲에 뛰어놀며 비와 눈을 맞고　　　　　　　古藪縱行經雨雪
향긋한 제방의 수초에서 험한 길 꿈꾸네　　　　芳堤水草夢巉巖
백락[21]의 눈에 기북의 말[22]이 없다면　　　冀北群空伯樂眼

한라산 남쪽 금곡암에서 보충하리라	漢南充補金谷庵
천 년 동안 임금의 신하 된 직분으로	千年事上君臣分
말을 애써 기르며 나랏일에 보답하였네	畜牧勤勞報政嚴

【뒤의 2수는 없어졌다.(後二首逸)】

---

1) ㉑ '欵'은 '欺'의 오기인 듯하다.

두륜산 십경 【앞의 4수는 없어졌다.】
頭輪十景【前四首逸】

[5] 눈 속의 붉은 꽃 雪裡紅葩

온 산의 동백나무 사시에 푸른데	渾山柏樹四時靑
눈 속 붉은 꽃 푸른 벼랑 비친다	雪裏紅葩映翠屛
세설에는 학정의 시구[23] 전해지고	世說詩傳鶴頂句
불경에선 만다라화 이름이 실렸네	佛言經載曼陁名
미풍에 떨어지니 붉은 비단 깔리고	風輕落地丹羅布
밝은 달빛에 마음 여니 푸른 옥 가득	月白開心碧玉盈
향유는 참으로 궁궐에 바칠 만하니	儘是香油貢大內
늠름한 자태 멀리 한양까지 닿으리	威光遠透漢陽城

[6] 늦가을의 풍악 暮秋楓岳

조물주 정신이 산 그림을 펼치니	造物傳神活畵開
산 가득 가을빛은 비단이 쌓인 듯	渾山秋色錦成堆
연광이 아득하여 찬 서리 떨어지고	烟光縹緲嚴霜墜
단풍잎 어지러이 붉은 비 내린다	楓葉繽紛紫雨來
온 골짜기 장엄하니 기이한 세계요	一壑靚莊奇世界
천봉을 깎으니 묘고대[24] 모습이라	千峯削立妙高臺
어느 때 고호두[25]의 영혼이 내려와	虎頭何日精靈降
이 같은 문채를 굽이굽이 펼쳐 냈나	布彩如斯曲折回

[7] 불암의 그윽함 佛庵幽僻

진경과 부처님 찾아 무얼 구하나	尋眞覓佛更何求
암자에 정좌하여 만 생각 그치네	庵中靜坐萬思休

구름은 조각조각 허공세계 흐르고　　　雲飛片片浮空界
달빛은 유유히 옥루에 들어온다　　　　月到悠悠入玉樓
새는 연못가 그림자 없는 나무 깃들고　鳥宿池邊無影樹
샘은 돌 위로 차지 않는 도랑 흐르네　　泉流石上不盈溝
산의 그윽함이 이 산의 으뜸이니　　　　山之幽僻山之寂
내원26을 모두 이곳에 옮겨 머문다　　　內院全移此地留

[8] 상원암의 진경 上院眞境
경계가 만첩 병풍의 바위에 끊겨　　　　境絶巖層萬疊屛
화루에 떠들썩한 불경 읽는 소리　　　　花樓咻聒說經聲
구름은 갠 산으로 스님은 선탑에　　　　雲歸晴峀僧歸榻
달은 푸른 하늘 물은 병에 있구나　　　　月在靑天水在缾
궁궐에서 향 내리니 멀리 축수하고　　　大內降香遙祝壽
소련각 세워서 신령 우러러보네　　　　小蓮建閣久瞻靈
뛰어난 시인의 발걸음 가끔 이르러　　　詩豪杖屨間多至
바람과 안개 거두어 벽에 걸어 두네　　收拾風烟掛壁停

[9] 만일암 선원 挽日禪院
한 사찰 십 리 동쪽 웅장하게 서려　　　一寺雄盤十里東
옛 아련야27 흰 구름에 덮여 있네　　　　古阿練若白雲封
창을 열면 하늘에 닿은 바다 보이고　　開窓試玩稽天海
땅에 드리운 산은 비로 쓸기 어렵네　　執箒難除倒地峯
선림에 전전하는 스님들 항상 머물고　　各轉禪林常住境
벼슬 매인 사대부는 잠시 지나 들르네　職攀政院暫過蹤
성곽에 둘러싸여 항상 잠겨 있나니　　　周回城郭長時鎖
자유로이 시운 따라 스스로 공부한다　　任運騰騰傲自工

[10] 북암의 명승지 北庵名區

허공에 솟아 옥청[28]의 누각 같은데	凌虛彷彿玉淸樓
경계 빼어나고 샘물 달아 별천지로다	境絶泉甘別一區
바위 표면엔 천년의 석불이 새겨 있고	巖面千年雕石佛
만리창파엔 고깃배 점점이 떠 있구나	滄波萬里點漁舟
강경 소리 구름 사잇길로 높이 울리고	講聲高振雲間路
명성은 낙하[29]의 유람객에게 전해졌네	名姓留傳洛下遊
장인의 훌륭한 솜씨로 두 탑이 세워져	禹斧無痕雙塔立
높고 크나큰 모습으로 암자를 지킨다	嵬嵬落落鎭庵頭

조인조에게 주다
贈曹仁祚

다시 와 배움 물으니 옛정 깊은데	重來問學舊情深
충효의 글 펼쳐 글자마다 뜻을 찾네	忠孝展文字字尋
둥근 베개 자주 놀라 항상 꿈을 깨니	圓枕頻驚常罷夢
색동옷으로 춤추며 효심이 극진했네	彩衣盤舞極歡心
어진 이를 친애함은 평생의 일이요	親仁乃至終身務
선을 쌓는 것 오랫동안 공경히 할 것	積善當知歷劫欽
모두 서생이 실천해야 할 도리이니	盡是書生行履事
집에 돌아가 일상에 읊조려 잊지 말라	歸家日用勿忘吟

처감 상인에게 주다
贈處鑑上人

뜻밖의 인연 따라 함께 마주하니	夢外從緣共對顏
산문을 나섰다가 다시 왔나 여기네	猶疑出峀復知還
쌀밥 향기 앞에 화택[30]을 뛰어넘고	玉粒薌前超火宅
금빛 칼날 빛에 푸른 머리칼 떨어뜨렸네	金刀影裏落紺鬟
빼어난 문장과 필체 세상의 눈 놀라고	鳳舞蛇橫驚世眼
우렛소리와 사자후 인간 세상 진동하네	雷音獅吼動人寰
나는 칠십의 나이에 그대는 약관의 시절	我是稀齡君冠歲
흐르는 세월 노소 다 붙잡기 어려워라	流年老小勢難攀

유위계와 이별하며
奉別劉韋溪

한 절에서 겨울 지나 다시 봄 되도록	一寺過冬復到春
위엄과 덕으로 훈도하여 절로 친했네	熏陶威德自然親
백 일간 재 올리며 평소의 뜻 펼치고	百日營齋攄素志
삼시에 정신 가다듬어 공경 다했네	三時致敬盡精神
무루의 복덕 원만히 성취 못했다면	若不圓成無漏福
뉘라 유정의 몸 감응할 줄 알았으리	誰知感應有情身
문득 천태산 아래 길을 나서 떠나니	乍出天台山下路
태평시대 임금 근심 나누는 신하 되리	宜爲聖世分憂臣

축원하며 꾀꼬리 울고 꽃 피는 삼월 되니	祝到鶯花三月春
십여 분 스님과 한 가족이 되었네	十家釋氏一家親
작은 정성 내실 없어도 후회가 없고	小誠無實猶無悔
큰 은혜 기약 않으니 신령하지 않네[31]	大惠不期自不神
가난으로 쇠잔한 몸 다 씻었으니	洗盡貧寒病廢骨
돌아가서 부귀하고 맑은 몸 이루리	歸成富貴淸平身
안개와 노을 속의 교분을 추억하며	烟霞追逐淡淡誼
범궁에서 설법하는 모습 자주 꿈꾸리라	頻夢梵宮說法臣

【위계(右韋溪)】

재윤 상인에게 주다
贈在允上人

어버이 하직하고 고향 멀리 출가하여	辭親入道絶鄕關
풀 헤치고 바람 맞으며[32] 오고 간다	跋草瞻風往復還
계단에 구족계 받으니 시내 누각 고요하고	臨壇受具溪樓靜
책 상자로 스승 따르니 상원암 한가하다	負笈從師上院閑
오래 의지해 마음이 침개[33]보다 더 맞고	故依爭似針投芥
분발하여 공부하니 기개는 산을 뽑을 듯	奮發眞同力拔山
고금의 만사는 무심히 밖에 버려두고	古今萬事無心外
지팡이 하나로 수석 사이를 소요한다	一杖逍遙水石間

응하를 이별하며
別應河

한 번 만남도 어려운데 하물며 두 번이랴	一會猶難況再然
먼저 신발 신고 먼 산천 떠나가네	遠隔山川納履先
내일 아침 공양 때는 한 자리 비겠지만	展鉢明朝筵幅缺
오늘 밤 차 나누니 눈빛은 또렷하다	分茶今夕目光圓
용 주장자 들자 천봉이 맑게 개고	纔竪龍杖千峯霽
갈래 길을 보니 만학은 안개에 덮였네	長望羊岐萬壑烟
법당에 올라 예를 마치고 떠나가니	好去昇堂伸禮罷
남방의 불법을 마음 다하여 전하리	南方佛法盡心傳

범해당에 쓰다
題梵海堂

조물주가 닦아 이룬 범해당	造物修成梵海堂
속 비고 겉만 꾸며 허우대만 멀쩡하네	中虛外飾但容長
바람이 사나워도 흔들기 어렵고	風雖猛利難搖動
도적이 엿보아도 헤아리지 못하나니	賊或窺覘未測量
애써 의심난 글 답하곤 두려움만 더하고	强答疑文還積懼
낯선 손님 반가이 맞아 다시 식량 끊는다	歡迎生客復休粮
주렴 걷고 홀로 작은 창 아래 앉아	捲簾獨坐蜂窓下
향 사르고 임금님의 만수를 축원하네	萬壽香燃祝漢陽

염객[34] 장 비장, 김 학관과 함께 화답하다
廉客張裨將金學官共和

남녘땅 다하는 곳 말을 멈추고	駐馬南方地盡頭
편안히 반나절 맑은 놀이 즐긴다	夷然半日做淸遊
천봉의 봄기운 가슴에 젖어 들고	千峯春氣開懷潤
여러 갈래 샘 소리 귀를 씻는다	百道泉聲洗耳流
절간의 새 인연 한가히 발우 펴고	蕭寺新緣閒展鉢
시인의 옛 격조 괴로이 누각 읊네	詩家舊格苦吟樓
그대들 생각 많아 한가함 없으나	應多盛慮無間暇
우공의 산천에선 만사를 그칠지니	藕孔山川萬事休

법한 상인
法翰上人

이 몸 강사에 깃들어 부처 배움은	身捿講舍學能仁
부모의 큰 은혜 보답키 위함이라	爲報爺孃莫大恩
먼저 향 피워 아침저녁 축원하고	第一燃香朝暮祝
은근히 입실해 생사의 이치 묻네	殷勤入室死生詢
푸른 눈 종사의 법석에 참배하며	行叅靑眼宗師席
흰머리 존귀한 스승께 귀의하네	歸依華顚養育尊
어찌 다문의 명망을 얻으려 하리	何必多聞名望得
중생 제도하는 법왕의 신하 되리	肯從兼濟法王臣

찬의 상인
讚儀上人

명성 듣고 뵙고 싶은 지 여러 해	聞聲欲見已多年
이제 찾아오니 숙세의 인연이라	今始來儀有宿緣
만일암 높은 벗 항상 그리웠는데	挽日高朋長在目
적련암 좋은 벗도 잠시 머물렀네	赤蓮益友暫留筵
얼굴 가리고[35] 선사의 선탑에 올라	盖頭昇座先師榻
손을 들어 후학의 머리 쓰다듬네	擧手按摩後學巓
구곡동 가운데 가을밤 달이 떠올라	九曲洞中秋夜月
조계산 꼭대기에 높이 걸려 있네	曹溪山頂自高懸

『법화경』을 설하다
說法華經

『묘법연화경』 설하신 지 여덟 해	妙法蓮華說八年
회삼귀일의 법[36]으로 인천 제도하셨네	會三歸一度人天
물러난 비구들 모두 증상만[37]이요	比丘退席皆增慢
용녀[38]가 구슬 바친 것은 숙세의 인연	龍女獻珠是宿緣
성문에게 수기하사 할 일을 마치시고	授記聲聞能事畢
보살에게 부촉하사 영원히 유통케 하셨네	囑累菩薩永流通
추위에 안거하며 때때로 설법을 하니	安居寒際間開演
반월[39]의 여풍이 오늘날도 온전하구나	半月餘風到此全

『유마경』을 읽고
讀維摩經

비야리성 한 높은 거사의 집에	毘耶城裡一高廬
문병하는 행렬 삼만이 이어졌네[40]	問疾行來三萬餘
향적불[41]은 선열의 맛을 공양하고	積佛香供禪悅味
등왕의 보좌[42]엔 법공이 허허롭다	燈王寶座法空虛
유마의 침묵[43]에 문수가 깨닫고	維摩默對文殊悟
천녀의 신통력[44]에 사리불이 꺾였네	天女神通舍利沮
교증하는 여러 스님 참석하였으니	證校諸師叅席在
어찌 그릇된 책을 가려내지 않으리오	堪嗟豈不察譌書

북암을 방문하다
訪北庵

푸른 숲 깊은 곳 해그림자 비꼈는데	草綠林深日影斜
외나무다리 가로 놓여 위험이 많구나	橫安略彴險危多
바위의 새는 예부터 아는 듯 지저귀고	巖頭鳥語親如舊
개울 아래 꽃은 비단인 듯 엷게 날리네	溪下花飛薄似紗
홀로 외로운 거처 방문해 기쁨 넘치니	獨訪孤居歡喜在
가만히 뭇 스님들의 노고를 생각하네	潛思衆院苦勞加
해가 갈수록 인정이 더욱 두터워지니	堪嗟年邁人情重
땀 훔치고 찾아와 함께 차를 마신다	掩汗尋來共喫茶

천우에게 주다
贈天祐

일찍 청허한 이치 깨쳐 근진 벗으니	早覺淸虛解脫塵
위의와 법상이 새롭게 빛나도다	威儀法相煥然新
천마산 빼어난 기운 그대에게 모였고	摩山秀氣鐘仁者
조사의 유풍은 상인에게 전해졌네	化祖流風印上人
복덕과 재주 품어 오랜 세월 수행하고	有福包才修廣劫
다문과 근학으로 젊은 시절 보냈네	多聞勤學在靑春
편안한 주인공 됨은 쉽지 않은 일	安閒作主難成事
초심으로 맹렬히 정신을 단련하라	第一初心猛鍊神

근환의 시축 운을 차하다
次謹煥軸韻

머리 깎고 승복 입어 부처님께 이름 받으니	圓頂方袍佛賜名
사은의 의리 무겁고 이 한 몸 가벼워라	四恩義重一身輕
옷깃 열어 가슴에 천지의 원기 가득 담고	開襟胸納鴻濛氣
독경하며 마음으로 지혜의 빛 깨치네	轉卷心通瞳矓明
남종 임제의 발자취 행하기 맹세하고	誓履南宗臨濟跡
북악 나옹의 명성 드날리길 기약하네	期揚北岳懶翁聲
고승의 법석 두루 참구하기를 마치고	周遊匠席叅商罷
돌아가 옛 언덕에 누워 소원을 이루리	歸臥古丘所願成

근호의 시축 운을 차하다
次謹浩軸韻

귀숙할 땐 먼저 출발점을 알아야 하니	歸宿先知發軔初
기연 맞으면 사양 말고 강당 거처하라	當機不讓講堂居
법문 들으면 삼승의 법을 경영하고	聞法將營三乘法
독서는 다섯 수레의 책[45] 읽어야 하느니	讀書欲盡五車書
밥 먹을 땐 호오를 분별해 말하지 말고	喫飯休言分好惡
사람을 사귈 땐 친소를 보이지 말지니	交人莫作見親疎
스스로 공부 힘써야 보좌에 오르는 법	我自勤工登寶座
뉘라서 나무 올라 물고기 구할 수 있나	阿誰緣木可求魚

윤해고의 운을 차하다
次尹海皐韻

[1]
선비의 고을 출입한 지 칠십 년	出入儒鄉七十春
몸 닦고 나라 받들어 천진함 지켰네	修身奉國守天眞
가문 아름다워 하늘이 복을 내리고	家門純美天垂慶
마음 청허하니 산악의 정신 내렸네	氣宇淸虛岳降神
속세 밖에 정 의탁하여 만나면 즐거울 텐데	物外托情逢必樂
과거 시험으로 세월만 보내니 한만 새롭네[46]	場中減壽恨應新
높은 수레 들어오지 않고 시편만 주니	高軒不入瓊琚贈
뛰어난 문장 음미하고 남에게 자랑하네	開玩凌天更詑人

[2]
평생 발걸음 장춘원 벗어나질 않아	百年筇不出長春
깊은 산 선탑에서 참 성품 길렀네	高榻深山自養眞
각해 원만히 통하여 깨달음 서술하고	覺海圓通悟道述
하늘과 시내의 달처럼 정신 맑구나	水天明月霽精神
먼 하늘 가을빛에 기러기 날아가는데	九宵秋色鴈邊逈
한 떨기 붉은 연꽃 불 속에 새롭구나	一朶紅蓮火裡新
장호와 발룡[47]을 예전에 믿지 않았더니	杖虎鉢龍曾未信
이제 이 늙은이가 바로 그 사람일세	今看此老卽其人

최석치의 운을 차하다
次崔石痴韻

경향 멀리 있다 이제 승탑 마주하니 　　　路隔京鄕對榻新
집 없이 떠돌며 풍진만 뒤집어썼네 　　　浮家泛宅冒風塵
서울 향한 마음 깊어 정의[48] 떠나고 　　　向洛心深離旌義
산을 보는 뜻 무거워 장춘에 들었네 　　　看山意重入長春
천 리 길 행장에 꿈이 깨는 듯한데 　　　千里行裝如夢覺
십여 일 여관에서 스님과 이웃 되었네 　　浹旬旅舍作僧隣
본디 계림에서 함께 태어났으니[49] 　　　本是鷄林同一出
누가 몸속에 천진함 보존한 줄 알까 　　　誰知皮裡葆天眞

마음의 시름 비가 오자 무단히 새로워 　　愁緖無端對雨新
드린 백발로 풍진세상에 늙어 가네 　　　垂垂白髮老風塵
산문의 나그네 꽃 지는 계절에 이르니 　　山門客趂空花節
촌 가게 술 단지로 죽엽주 기울이네 　　　村肆罇傾竹葉春
풍년 들어 곡식 모두 마당에 들이고 　　　歲熟稻粱渾入圃
골짜기 깊으니 승속이 절로 이웃이라 　　　洞深僧俗自爲隣
연화의 보탑엔 관세음보살이 계시어 　　　蓮花寶榻觀音佛
엄연히 묵좌하여 진리를 문득 깨닫네 　　默坐儼然頓悟眞

【석치(右石痴)】

수상 이 공 용관의 시운에 화답하다
和水相李公容觀韻

감영의 수레 고을의 말 석양에 들어와	營車邑馬入斜陽
9월 단풍 숲 구곡의 시내 길게 흐르네	九月楓林九曲長
해 질 무렵 길손은 삼보 있는 곳 찾고	日暮客尋三寶處
스님은 등 밝혀 이층 법당에서 얘기하네	燃明僧語二層堂
물외에 초연히 노니 신선의 인연 무겁고	超遊物外仙緣重
취하여 누각에 누우니 학발이 희끗하네	醉臥樓頭鶴髮蒼
고각 소리에 밤 깊어 가는 것도 잊었는데	皷角聲中忘夜久
깊은 밤 조각달만 동녘에 걸려 있구나	更深片月掛東方

국화와 단풍잎이 중양절을 지나	菊花楓葉過重陽
긴 가을날 산색과 어울려 비치네	交映山光秋日長
어묵[50]의 은혜 대둔사에 융숭하고	御墨恩隆大芚寺
선종의 의리는 표충당에 무겁네	禪宗義重表忠堂
장춘동 입구에 서리 맞은 숲 붉고	長春洞口霜林赤
구곡교 머리에 잣나무 푸르구나	九曲橋頭柏樹蒼
어찌 시가 없을까만 다 담기 어려워	寧可無詩有難盡
수레 내려 전각 세 곳을 두루 돈다	下車行遍殿三方

【수상(右水相)】

석양 길 걸어 난야를 찾아가니	行尋蘭若踏斜陽
가는 오솔길 십 리에 뻗었어라	一逕如絲十里長
천년의 터 잡아 법우를 열었고	基奠千年開法宇
구곡의 시내 흘러 선당 안았네	水流九曲抱禪堂

서리 젖은 숲 골짜기는 온통 비단이요　　霜染茂林全塹錦
안개 맺힌 나무에 저녁 산 희끗하네　　　烟凝寒樹暮山蒼
이 세상에서 내세의 길 닦으려면　　　　此世欲修來世路
한마음으로 참회함이 가장 좋으리　　　專心懺悔是良方

【가산(可山)】

수상 규태가 남암에서 든 운을 창화하다 [5수]
唱和水相圭泰南庵拈韻【五】

[1]
단풍잎 떨어지고 소나무는 푸른데	楓林脫落萬松靑
수상께서 산 그림 병풍 속에 오셨네	水相來臨活畵屛
심적암은 재승의 경쇠 치는 승탑이요	深寂齋僧鳴磬榻
적련암은 시 지어 읊는 정자 되었네	赤蓮題軸咏詩亭
바윗골 구름 나니 비가 오려 하고	雲飛巖壑天將雨
맑은 마루에 취기도 깨려 하는구나	酒引淸軒性欲醒
9월의 풍광도 쓸쓸히 다 지나가니	九月烟光蕭瑟盡
두륜산의 산색도 모양이 없구나	頭輪山色了無形

 단풍잎 소소하고 잣나무 푸른데   楓葉蕭蕭栢滿靑
 높이 솟은 바위 사방을 둘렀네   峻嶒石确四圍屛
 가을 하늘 비 올 듯 전각에 바람 불고   秋天欲雨風臨殿
 해는 중천에 떠 점심 공양 재촉하네   午飯催僧日正亭
 대둔사 시끄러움 피해 고요함 찾아   芚寺避喧因訪寂
 적련암에서 취하며 다시 깨기를 꾀하네   蓮庵留醉更謀醒
 어찌 태수만 자신을 모두 잊었겠나   豈徒節度渾忘已
 이 뜰에 오니 형체 깨닫지 못하겠네[51]   到此園頭不覺形
 【수상(右水相)】

 장춘동 풍경은 가을 내내 푸르러   長春洞色貫秋靑
 산은 절로 마을 되고 바위는 병풍 되네   山自成村石自屛
 정오의 종 그치자 스님들 발우 걷고   午鐘才訖僧收鉢

아침 차 향기에 길손 정자 내려오네　　　　朝茗初香客下亭
흐르는 물 늘 이같이 다하지 않는데　　　　流水如斯恒不盡
단풍 빛에 취하여 깨지를 않는구나　　　　酣楓相映未全醒
다행히 태수 따라 풍류 넘친 곳 와서　　　幸隨節度風流地
감히 시 짓고 소요하며 신세를 잊었네　　敢賦逍遙却忘形
【죽농(右竹農)】¹⁾

[2]
염불하는 세 스님 참으로 노년인데　　　　念佛三師極老年
낮은 소리 세세히 창가에 들려오네　　　　低聲細細到窓邊
등불 아래 차 마시고 부지런히 옥을 품고⁵²　燈明茶罷勤懷玉
늦가을 깊은 밤 어찌 두견 소리 들으리　　秋晚夜深豈聽鵑
한나라 장수는 한나라의 안정을 꾀하고　　漢將謀圖安定漢
연나라 사람 마음은 연나라 돌아가는 것　　燕人心在向歸燕
지팡이로 어두움 헤치고 둥지 찾아　　　　携筇披暗尋巢處
오든지 오지 않든지 꿈에서나 전하네　　來不來之一夢傳

[3]
오실 때 마침 비가 맑게 개니　　　　　　適來正值雨晴時
깃든 새 서로 부르며 남북으로 흩어진다　宿鳥相呼南北離
구곡의 시내 흘러 바다로 돌아가고　　　九曲爭流歸海止
천봉은 빼어남 다투어 하늘에 닿을 듯　　千峯競秀接天期
산중의 대화는 유학의 가르침이요　　　　山中做語儒風敎
그대는 백성을 위한 정치 베푸누나　　　　節下爲民政化垂

---

1) ㉠『韓國佛敎全書』에는 원운 2편이 제2수 아래에 있으나 운자로 보아 제1수의 원시가 분명하므로 위치를 바꾸어 제시한다.

시축에 이름 남기고 이별을 마치니　　　　　一軸安名相送罷
오주에서 달 보거든[53] 날 생각하소서　　　　吳州見月幸想思

[4]
좋은 날 좋은 때 반포하는 까마귀　　　　　日吉辰良反哺烏
날아 오고 가며 세 모퉁이 두루 도네　　　　飛來飛去繞三隅
조주는 세 번 물음에 차 얘기하고[54]　　　　趙州三問拈茶話
백장은 다시 야호신을 벗겨 주네[55]　　　　百丈重興脫野狐
철 도끼[56]의 서릿바람은 옥수에 불고　　　　鐵鉞霜風吹玉樹
정신은 밝은 달이 빙호에 비치는 듯　　　　精神皓月曜氷壺
암자에 감영 다스리는 길손 있으니　　　　　庵中自有治營客
꿈결에도 충정은 서울을 달려가네　　　　　夢裡忠情走漢都

[5]
위태로운 바윗길 느릿느릿 걸어서　　　　　巖路傾危款款行
올라 굽어보니 물색 모두 다정하네　　　　　登臨物色盡含情
법당에 앉은 부처님 향연이 푸르고　　　　　一堂坐佛香烟碧
만리에 구름 걷혀 수경처럼 밝구나　　　　　萬里收雲水鏡明
납자는 시중들며 기이한 일 얘기하고　　　　衲子侍節言異跡
산신령은 직분 따라 가을 소리 보낸다　　　　山靈奉職送秋聲
수레 멈추고 머물러 무엇을 생각하나　　　　停車駐節思何事
오늘 소요하니 소원을 마침 이루었네　　　　今日逍遙願適成

삼가 수상의 시운에 화답하다
奉和水相韻

팔십에도 법안이 푸르고 온전하여   八旬法眼尙全靑
흰머리로 외람되이 시와 술 모시네   白首叨陪詩酒屛
부절과 인장은 종통원에 두고   符印尙留宗通院
마음은 항상 복파정에 있구나   心神長在伏波亭
아름다운 시구 숨었다 빛을 발하니   瓊琚閟色沈還發
소순의 마른 창자 취했다가 깨누나   蔬筍枯腸醉忽醒
힘껏 시를 지으나 뜻이 졸렬하여   盡力拈題詞意拙
태수께 바치니 주름진 얼굴 부끄럽네   書呈政案愧皺形

운담 장로의 담 자 운을 차하여 쓰다
次題雲潭長老潭韻

탐라의 노인들 운담 장로 보내오니	耽羅耆老送雲潭
주옥같은 시와 글씨 백록담 내려왔네	筆鐵詩珠降鹿潭
천 리 먼 길 편지를 범해에게 전하고	千里魚書傳梵海
영호남 발우는 연담 스님 이었다네	兩南龍鉢繼蓮潭
백수자 참구하며 달빛 호수 머물고	行叅柏樹停湖月
공양 마련하여 석담 스님 부르네	坐設閼伽召石潭
산당에 축원하려고 향화를 맡아	爲祝山堂香火掌
정진하느라 밤 깊은 줄도 모르네	精進不覺夜潭潭

홍파 상인에게 주다
贈洪波上人

불도의 중흥을 스스로 알 수 있으니	佛道重興自可知
누가 이같이 기특한 이 낳았나	何人生此寧馨兒
금풍이 땅을 쓸 제 신선 벗 이르니	金風掃地仙朋至
단비는 하늘 가득 고요한 골짜기	寶雨充天寂洞泥
긴 밤 등불 밑 앉으니 마음 상쾌하고	長夜坐燈還覺爽
잠시 손님 대하니 다시 시름 그치네	小時對客復愁遲
임진년 여름 해제일 처음 만났나니	黑龍解夏初相遇
승주 돌아가 달 보거든 생각해 주오	歸去昇州見月思

최석치의 시운을 차하다
次崔石痴

좁은 터에 작은 도량 있으니	偏小道場偏小墟
암자 작지만 세상에 이만한 절 없어	搆庵雖小世無如
성긴 발 침상에 바다의 달빛 비치고	簾踈海月光窺枕
낮은 처마의 산 구름 옷자락 스미네	簷短山雲影襲裾
매서운 새벽 추위 부처님 염송하고	難耐晨寒仍誦佛
늦은 아침 견디지 못해 책을 보노라	未堪朝晚又看書
세상 사람아 가난하다 이르지 말라	世人莫道貧寒事
이곳이 바로 신선 처사의 거처로다	此是神仙處士居

석행 상인에게 주다
贈錫幸上人

창 앞에서 묵은 종이 모두 삼키고[57]	都吞故紙向窓前
일없이 한가하니 소년이로다	無事閒人是少年
죽장으로 천하의 눈 두루 밟고	竹杖周遊天下雪
짚신으로 연기 나는 부엌에 투숙했네	芒鞋投宿灶生烟
원응 회상에선 못의 용 불법을 듣고	圓應會上潭龍聽
심적암에는 돌 호랑이 잠이 들었네	深寂庵中石虎眠
이제 우리 기연이 성수와 나란하리니	今我機緣齊聖壽
물외의 이치 관하여 홀로 초연하시기를	幸觀物外獨超然

민 공과 창화하다
唱和閔公

높은 손님 취선루에 가득 모여	高賓濟濟聚仙樓
구곡의 풍랑 속에 마음껏 노닌다	九曲浪風汗漫遊
푸른 풀 버들 꽃에 꾀꼬리 소리 매끄럽고	草綠楊花鶯語滑
구름 걷히고 비 개어 석천이 흐른다	雲收雨霽石川流
서산의 충의는 대둔사에 전해지는데	西山忠義傳芚寺
남녘의 땅에는 맥추가 다가오누나	南土封疆近麥秋
소요의 경계에 장군과 마주 앉으니	將軍對坐逍遙境
속세의 생각이 일시에 그치누나	塵中思慮一時休

경원에게 주다
遺敬元

월악산[58]의 높은 기운 받아서	月岳崔嵬受氣良
소탈한 마음으로 일찍 행각했네	神機脫洒早遊方
산의 박옥은 다듬어 보배 되고	山含玉璞因工寶
물속 진룡은 제왕을 받드나니	水處眞龍奉帝王
문학을 좇아 지혜가 더욱 커지고	智慧初從文學大
효성과 사랑으로 명성을 떨쳤네	聲名復順孝仁長
내 계율과 시율을 전하노니	吾傳戒律兼詩律
완급의 중도 터득한 후 드러내라	緩急得中然後揚

인화에게 주다
遺仁和

불법 만나 출가하니 참 인연 되어	得佛出家是芥緣
다생에 덕을 심어 진리를 강론했네	多生種德講眞詮
수의[59]를 떨치니 구름 속의 학이요	銖衣拂拭雲中鶴
지팡이 울리니 땅 위의 신선이라	藜杖鏗鏘地上仙
한입으로 능히 서해의 물 삼키고	一口能呑西海水
석 달 겨울 북장[60]의 글 모두 보았네	三終[1]盡閱北藏篇
마음은 보전의 우뚝한 동량 기약하여	心期寶殿棟樑特
공문의 법인을 전수받아 전하누나	受授空門法印傳

---

1) ㉠ '終'은 '冬'의 오기인 듯하다.

구오사미[61] 인정을 보내며
送仁正驅烏沙彌

멀리 강남에서 특별히 찾아오니	江南千里特來尋
어린 사미가 불도를 깊이 사모하네	年淺驅烏慕道深
범해에 돌아가는 배 한갓 달빛 싣고	梵海歸舟空載月
은산의 나그네 부질없이 숲 은거하네	隱山入客滿藏林
운봉은 천지의 눈을 맑게 열고	雲峯淸徹乾坤眼
약수는 세계의 흉금을 적셔 주네	藥水洒沾世界襟
가서 스승을 알현하고 소식을 마쳐	去謁恩堂消息罷
사업 원만히 이루어 해조음[62]을 떨치라	圓成事業振潮音

행각하는 순화에게 주다
與順和行脚

참선과 염불로 착한 인연을 심어	叅禪念佛種因緣
열두 시 가운데 복전을 짓는구나	十二時中作福田
멀리 금강산 명철의 자취 참방하고	遙訪金剛明哲跡
가까이 지리산 노고추[63] 법석 친애한다	近親智異老錐筵
예전 잘못 깨쳐 늦게 산에 은거하고	昨非今是隱山晚
신구의 일 참회하여 일찍 깨닫기를	懺舊悔新願覺先
가만히 세상의 미혹된 길 돌이켜 보고	竊顧人間迷路事
깊이 생각하고 높이 행동하여 하늘 원망 말라	深思高擧莫怨天

김만취가 준 시운을 차하다
次金晚翠贈韻

노학자의 정신 비 갠 산과 같아	老學精神雨霽峯
천산만학이 모두 바다로 귀의하는 듯	千山萬水盡朝宗
문학은 해외에 전해져 뜻이 크고	文傳海外多狂簡
도는 호남에 이르러 모습 윤택하다	道至湖南得睟容
운담에 기탁하여 한철을 보내고	寄序雲潭時一閱
초가집 술 세 단지에 몸 깃들었네	棲身茅屋酒三鍾
이웃에 있어도 가지 못하고 괜히 머리만 들고서	隣居難步空頭擧
틀림없이 한마음으로 앉아 솔을 어루만지리	必與同心坐撫松

박노하가 준 시운을 삼가 차하다
謹次朴蘆河贈韻

비록 속세에 있어도 속세가 아니니	雖處世間非世間
노을 삼키고 기 호흡하며 순환한다	吞霞服氣却輪還
고을에서 학문 쌓아 추위와 더위 잊고	鄕中積學忘寒暑
세상 밖에 마음 두어 산수를 즐기네	物外托情樂水山
이로의 시통을 삼계에 두고	李老詩筒三界鎭
기옹의 도수를 일생 동안 부여잡았네	奇翁道樹一生攀
하양에서 구름 나그네를 버리지 않아서	河陽不棄雲遊客
시를 멀리 석죽관으로 보내 주셨네	胎韻遙投石竹關

상인은 공적하여 속세 멀리하니	上人空寂遠人間
외로운 학 가을 구름과 함께 오고 가네	孤鶴秋雲同往還
근세에 혜원이 여산에 주석했는데	近世遠公住廬岳
달마는 언제 숭산에 들어갔는가	何年初祖入嵩山
가까이 있어도 소식 서로 막히고	地零一舍音相閡
암자는 중봉에 있어 오를 길 없네	崦踞中峰路莫攀
만학의 솔 그림자 물속 같아서	萬壑松陰如水裏
늘 문 닫고 흰머리로 불자 드네	白頭竪拂門常關

【노하(右蘆河)】

천 아사에게 부치다
寄千雅士

초여름에 병든 나의 거처 찾아와	夏初枉屈病僧居
평생의 옛 정분을 펼쳤네	攄盡生平舊誼餘
벼슬할 마음 없는데 전좌⁶⁴에 올라	無心要仕陞銓座
쇠한 몸 잊지 않고 책력 보내 주셨네	不棄朽株寄憲書
손님 가고 차 식으면 백성 고통 생각하고	人歸茶歇思民隱
고요한 밤 미풍 불면 달빛을 읊조리네	夜靜風微詠月虛
장미가 핀 서실 바깥 텅 빈 뜰에	薔薇室外庭空處
지팡이 소리 나거든 나인 줄로 아소서	短錫鏗鏘即是余

조 만호를 애도하다
挽曹萬戶

화목한 가풍은 옥주에서 으뜸인데	敦睦家風甲沃州
어이하여 세상 떠나 슬프게 하나	如何捐舘使人愁
함께 가경 경진년에 태어나서	同生嘉慶庚辰歲
계사년 가을 호남에서 영결하였네	永訣湖南癸巳秋
청산에 달 지니 목동의 휘파람 그치고	月暮靑山休牧嘯
벽해에 구름 자욱하니 고깃배 숨었네	雲橫碧海隱漁舟
붓 놓고 문 열어 만사를 읊노라니	開門投筆遙吟挽
슬픈 눈물만 두 눈에 가득 흐르네	悽愴鮫珠兩眼流

회광 장로에게 주다
贈晦光長老

한 나라에 함께 태어나니 오랜 인연	並生一國舊因緣
게다가 갑오년에 같이 입문한 사이	況值同門甲午年
강산 두루 다니며 진면목 수습하고	行盡江山收面目
유불 참방하여 천지의 도 증득했네	訪叅儒釋證方圓
주머니의 송곳[65]이요 병 속 이슬[66]이며	囊中穎與缾中露
석상의 보배[67]요 불 속에 핀 연꽃이라	席上珎兼火上蓮
자취와 이름 감추어도 빛이 절로 드러나	晦跡韜名光自現
파옹의 무딘 도끼[68]를 그대가 전하도다	波翁鈯斧可人傳

월여 선백을 애도하다
挽月如禪伯

작년 봄 구곡 시내에서 이별한 뒤	昨春奉別九溪頭
자나 깨나 마음은 서동에 노닐었네	寤寐馳神瑞洞遊
자리에 누웠다는 소식 성각이 전해 와	委席音聞來性覺
영가 천도 맡는 두 스님 보냈네	薦靈主事送雙修
선림에 이로부터 물을 곳이 없고	禪林自此無疑問
교해도 이제는 멀리 흐르지 못하리	教海從今不遠流
나는 노쇠해 한 걸음도 걷기 힘드니	我且龍鍾難一步
꿈에서나 나비 되어 백제루 맴돌리라	化蝴栩栩百齊樓

청하 장로를 애도하다
挽靑霞長老

84년을 한가하고 자유롭게	八十四年閒自在
해동의 하늘 소요하며 유람했네	逍遙遊歷海東天
몸은 청주의 베옷으로 가리고	遮身衣乃靑州布
설법의 언사는 백산의 문장이라[69]	說法辭維白傘文
세사에 마음 없어 청정세계 머물고	世事無心淸淨住
경서에 뜻을 두어 조석으로 펼쳤네	經書有意暮朝宣
솔과 시내도 오열하니 어인 시절인가	松琴澗瑟何時節
시운 흐름 따라 구품 연화대 향하네	任運騰騰向九蓮

임남고와 전송촌을 이별하며
別林南皐田松村

명승 찾는 길손 이르니 동천 밝은데	尋眞客到洞天明
한 사발 차 자리에 풍경이 아름답다	一椀茶筵好景生
먹물은 날아 전생의 벼루에 더하고[70]	墨雨飛添前世硯
숲 바람은 옛날의 정분을 일으키네	林風觸發舊時情
푸른 납의 자리하니 인연의 업 무겁고	靑衣在座緣業重
흰머리로 시 지으니 눈앞이 밝아지네	白首衾詩眼界淸
초록빛 깊은 구름 시축에 담아 가니	草綠雲深收軸去
동산의 삼소[71]가 저절로 이루어지네	東山三笑自然成

쾌년각 뜰의 영산홍
快年閣庭映山紅

푸른 바다 옛 장원에서 옮겨 심으니	原從碧海舊庄移
오랜 세월 봄빛이 뜰 울타리 가득하다	歲久春多溢院籬
맑은 새벽 이슬에 젖어 고개 숙이고	淸晨浥露低頭謝
정오엔 맑은 기운 벽에 가득 비치네	亭午揚靈映壁彌
화륜이 땅을 진동해 벌 나비 놀라고	火輪動地蜂蝶懼
하늘에 비단 펼쳐 제비 참새 의아하다	錦鋪亘天燕雀疑
김 공이 5세에 사람이 와서 물었다니[72]	金公五歲人來問
늙은 나무에 꽃이 핌을 비로소 알겠네	老木開花始信知

삼가 조 시찰사의 유산시 운을 차하다
謹次曹視察使遊山韻

높은 수레 사찰 문을 찾아와	高軒行過寺門前
산 넘고 강 건너 어명을 전하누나	越涉江山詔令傳
말 타고 근심 나누니 나라 위한 고뇌요	騎馬分憂沿國惱
수레 멈추고 송사 들어 백성을 보살피네	停車聽訟見民憐
하룻밤 지새며 돌아갈 꿈을 이루고	一宵來夢成歸夢
천 리 먼 남쪽 하늘에서 북궐을 그리네	千里南天拱北天
태수의 행차 임하여 바위와 골 진동하니	棨戟遙臨巖壑動
먼 백성도 이곳에 와 현인들을 뵙는다	遐氓到此拜諸賢

박매계에게 주다
贈朴梅溪

어머님 모시며 독서와 농사 힘쓰고	萱堂侍暇務書農
책을 지고 스승 좇아 유불을 배우네	負笈聞師孔佛從
삼여[73]의 학문 넉넉해 마음에 새겨 읽고	三餘學足銘心讀
스승의 은혜 깊어 마음에 맹세하네	一字恩深誓志通
매계엔 가득히 문사가 호연하고	梅溪瀰漫文詞浩
들판엔 둥근 곳간 살림이 풍성하다	鹿野圓盈蔀屋豐
의관과 음식을 충실하게 받들고서	衣冠飲食忠良外
어렵거나 쉽거나 맹종[74]을 생각하네	緩急閒忙念孟宗

조행탄과 윤백은의 월야 시운을 차하다
和趙杏綻尹白隱月夜韻

차 파하고 옛 얘기에 밝은 달 오르니	茶罷古談皓月生
동천은 일망무제 흰 구름이 자욱하다	洞天一望白雲平
나랏일 힘쓰며 모기의 괴로움 잊고	薄言國事忘蚊苦
농사일 장려하니 두꺼비 소리 싫구나	獎贊農形厭蟇聲
고요한 누각 밤 깊어 산속 더위 물러가고	樓靜夜深山暑退
바람에 사람 떠나 침상에 등만 비친다	風來人散寢燈橫
문장과 도학이 함께 참여해 앉아서	文章道學俱叅坐
좋은 밤 베개 높이 베니 더욱 다정쿠나	高枕良宵覺有情

최유재, 김소운, 김미방에게 화답하다
和崔裕齋金小雲金米舫

난간 기대 함께 앉아 긴 옛이야기	憑欄並坐古談長
세상 생각 다 잊고 석양에 다다랐네	世慮却忘到夕陽
시와 술 반 잔 자리 옮겨 취하는데	詩酒半盃移席醉
아름다운 꽃향기 정원에 가득하다	琪花數朶滿庭香
안개와 구름은 눈앞에 펼쳐지고	煙雲供養人高眼
수목은 부처님의 도량을 장엄하네	樹木莊嚴佛道場
산중의 많은 기운 거두어 담아서	收拾山中多少氣
사찰의 짙은 봄빛 낭랑하게 읊조리네	朗吟金地老春光

행영을 그리며
思行英

새벽에 일어나도 범패 소리 못 듣고	曉起不聞贊唄聲
공양 때도 권공의 정 보기 어렵네	食時難見勸供情
비단 가사는 두 용머리 시렁에 걸었고	錦袈掛在雙龍架
보와 발우는 몇 첩 병풍 속에 갈무리	襆鉢收藏數帖屛
늦게 누우니 어찌 부지런히 송축했으며	晩臥何須勤頌呪
방랑하며 노니니 어찌 새벽별 보았으랴	浪遊肯可早瞻星
남들이 그대 다시 온다 하나 내 믿지 못하니	人稱復到吾無信
책 펴고 차 달이는 일 늘 몸소 행하네	展卷点茶每踐形

차운하여 연순의 시축에 적다
次題延淳軸

산수가 수려하여 강사가 어울리니	山明水秀講師宜
책 상자로 길에 올라 만남을 기약했네	負笈登途一見期
기개는 봄날 제방 방초의 향기요	氣宇春堤芳艸勝
마음은 여름 산의 기특한 서운이라	靈臺夏岀瑞雲奇
서책을 치우면 두륜산 달 읊조리고	攤書背誦輪峰月
시운을 얻으면 취실의 시 노래한다	得韻擬吟翠室詩
학인들 잘 훈도해[75] 항상 찬탄하니	虛往實歸今古讚
연공의 법을 그대 아니면 뉘 잇겠나	蓮公法嗣捨君誰

태우 상인의 시운을 차하다
次泰愚上人韻

호은당 앞에 계수나무 꽃 어여쁘고　　　　虎隱堂前嫩桂英
수하봉 위엔 달빛이 허공에 맑구나　　　　收霞月色半空淸
어두운 안경으로 옛 성인의 책을 보고　　　古聖遺書昏眼鏡
세상 명리는 주발 끓는 소리로 여긴다　　　世利高談熱盌鳴
한 자루 붓끝에 그림이 살아 움직이고　　　一柄毫端蛇畫動
삼경의 책상 곁엔 등걸이가 밝구나　　　　三更榥下短檠明
글방의 네 벗들을 넉넉하게 갖췄으니　　　文房四友稍饒足
열심히 공부하면⁷⁶ 반드시 대성하리라　　如救頭燃必大成

지운 상인에게 주다
贈志運上人

세상의 선비와 스님 으뜸이 있나니	世有儒僧各有宗
조계산 빼어나 푸른 허공에 솟았네	曹溪山秀御靑空
거듭 법인 전하여 종가에 보존하니	再傳法印藏家裏
이십 년 봄빛이 눈 안에 가득하다	卄載春光滿眼中
효성은 지극하고 정념은 적으며	孝念偏多情念少
재명은 적지만 덕의 명성 높구나	才名益寡德名崇
늘 원하는 뜻은 정혜를 함께 닦는 것	常平志願有雙運
선각자의 유풍이 이 몸에 있기 때문	先覺餘風在我躬

김송남의 임우[77] 시운에 화답하다
和金松南霖雨韻

장맛비 시내 구름 십여 일 나는데	霖雨溪雲浹日飛
창 여니 바다의 장기[78] 옷을 적신다	開窓海瘴過沾衣
온 숲이 소슬한데 종소리 어지럽고	千林蕭瑟鐘聲亂
폭포수 시끄러워 새소리도 드물구나	萬瀑喧豗鳥語稀
옛 절의 향연은 누각 밖에 피어나고	古寺香煙樓外起
제천의 밤빛은 꿈속에도 빛나는구나	諸天夜色夢中暉
길게 흐르는 구곡에 인적도 사라져	長流九曲人蹤滅
나그네만 멈춰 못 돌아감을 한恨한다	遠客停驂恨不歸

기문 스님을 보내며
送綺紋師

여러 경연 거쳐서 이판사판 능통하니	履歷經筵理事通
봄빛이 땅에 가득 백화가 붉구나	春光滿地百花紅
향 들어 임금 축원하니 북쪽 하늘 높고	拈香祝聖天高北
촛불 켜 글 읽으니 동쪽에 달이 뜨네	點燭看文月出東
곳곳에서 보은하는 효도를 행하고	在在報恩修孝道
삶마다 부처님 만나 어리석음 면했네	生生逢佛免愚籠
늘 선철의 성공하신 발자취 생각하여	每思先哲功成跡
조석으로 삼가고 물어 시종여일하다	夕惕朝詢克始終

다시 옛 암자에 거처하며
再居古庵

이 선실에 11년 만에 다시 오니	此室重來十一年
응진[79]은 옛날 같고 건물도 그대로	應眞如古屋如前
노쇠하여 향도 손수 사르지 않고	燒香不手因衰老
넘어질까 저어해 예배도 대신 시키네	禮拜代身恐倒顚
아침나절 손님 마주하니 기력은 없고	對客終朝無氣力
책 보며 날을 보내니 이치가 있도다	看書送日有方圓
동자와 집사의 따스한 보살핌 있나니	家童執事溫淸在
월지[80]의 자애로운 구름 동천을 덮었네	月氏慈雲覆洞天

박 처사를 만나
逢朴處士

청고한 손님 기개와 마음 새로워   有客淸高氣宇新
관산에서 생장해 탐진에 거처하네   冠山生長寓耽津
보림사의 불사를 부지런히 행하여   寶林佛事精勤首
광옥 두타[81]는 제자로 사랑하네   光玉頭陁弟子親
방온[82]의 후신임을 뉘라서 알리오   龐蘊後身誰可覺
유마의 참된 전행을 대신 알겠네   維摩前行代知眞
일찍 듣고 보지 못해 한스럽더니   曾聞未見於今恨
이제 목격하니 도인임을 알겠네   始信道存目擊辰

고풍장편
古風長篇

삼의가 【호의, 하의, 초의】
三衣歌【縞衣荷衣草衣】

봄바람에 문득 나를 돌이켜 보니	春風忽憶自己爲
오로지 세 분의 좋은 가르침 의지했네	專仗三衣善指揮
문하에서 보고 얻은 것을 잡아	試將門下所得見
세상이 찬탄하는 덕을 외람되게 펴노라	濫述世上嘆德辭
적벽의 가을밤 남쪽을 향해 날다가[83]	赤壁秋夜向南飛
천 길 높은 곳에서 빛나는 덕을 보았네[84]	翔彼千仞覽德輝
스님들 속 계셨으나 치의를 입지 않고	雖處衆緇自不緇
변치 않음 보이려 항상 백의 입으셨네	示其不變常白衣
일생 동안 좋아하는 것이 세상과 달라	一生所好與世違
훌쩍 출가하여 부처님께 귀의하였네	脫然逾城投佛依
바람에 흐르는 배처럼 본성을 따르고	駕風一葦任性去
안개 헤치고 연잎 따 온몸을 둘렀네	披烟採荷徧身幃
금성[85]의 세 고을에서 꽃을 피웠고	開花錦城三鄕曲
색금[86]의 구곡에 봄날 열매 맺었네	結實塞琴九曲春
명성을 피하려 작은 암자를 세우고	欲避名聲架三椽
자갈밭에 풀잎 엮어 한 몸 가리셨네	石田編草遮一身
남녘 지방 50여 개의 고을 중에서	幾多南方州五十
세 분 스님 높아 여러 산문 압도했네	三衣嵬嵬壓諸山

땅의 신령 덕을 좋아하여 어진 분 내고	地靈好德産仁者
하늘이 만물 위해 훌륭한 분 점지했네	天公爲物點可人
당시 현명한 이 곳곳에 인연 맺었는데	當時賢俊處處緣
세 분 조사만이 왕왕 움츠려 숨었네	一衣二衣往往縮
당시 현명한 이 명리 보고 기뻐하는데	當時賢俊見利欣
세 분 조사만 명리 보고 부끄러워했네	惟獨三衣見利恋
아, 나는 부처님 따르나 태어난 것 늦어	嗟余好佛生苦晚
세 분 가르침 따른 것이 얼마나 다행인지	何幸得遊三衣臺
나를 입혀 주시고 먹여 주신 지 열아홉 해	衣我食我十九年
계율과 참선으로 훌륭한 재목 이루어 주셨네	戒我禪我成津材
바라보면 앞에 계시다 문득 뒤에 있으니[87]	瞻在前忽在後
속인들 도에 들지 못하고 공연히 오갔네	人不可入空自來
곤궁해도 더욱 견고하고 늙어도 뜻 굳세니	窮益堅老益壯
붉고 흰 색 흐드러진 비단 병풍 펼쳐진 듯	紅白斑爛錦屛開

참외를 얻고 느낌이 일어
得瓜興感

벗의 거처 지나다 참외 하나 얻어	行過友居得一瓜
걸으면서 보고 보니 마음 흐뭇하네	步步看看心自佳
모습과 색깔은 어찌도 아름다운지	顏色何其多
새 수확물 보고 어버이께 바치고자	初見新物欲獻爺
고향은 이곳에서 바다 멀리 있으니	此去鄉庭隔海遠
어찌하면 축지법으로 집에 이를까	安得縮地到大家
하늘에 지는 해 잡아 둘 수 있다면	明天若留欲落日
두 강의 뱃길도 아마 멀지 않으리	兩江船程應不遐
살림은 청한하고 자손도 많으며	產業清閑多子孫
옥산이 무너지는 모습[88] 치아가 없네	玉山將頹無齒牙
반 단지 탁주를 가볍게 마신 뒤	半壺濁酒軟飽後
비 개인 작은 밭에 꽃을 심는다	小圃雨過手種花
말마다 예를 따라 공경을 다하고[89]	言言依禮無不敬
행하는 일마다 생각에 사특함 없네[90]	事事行詩思無邪
유불의 도 모두 저버리지 아니하여	二道幷世共不負
한 아들 보내어 부처님 잇게 했네	分送一兒繼釋迦
해미다 지팡이로 산문을 찾으셨고	年年一杖叩山扃
절마다 스님들에게 차를 보내 주었네	寺寺胡僧爭送茶
이제 늙어 옛길 다니지 않으시니	於今古道老不經
누각과 샘물엔 붉은 노을만 둘렀네	遊臺飲泉繞紫霞
아, 나는 유교와 불도를 알지 못하니	嗟余未辦儒與道
오히려 입을 놀려 화이[91]를 논하랴	尚可下口論夷華
띠 풀로 지붕 엮고 솔 기대어 바라보니	把茅盖頭依松望

태항산 외로운 구름 눈앞을 가렸네　　　　太行孤雲望中遮
쌀을 진 일[92] 진실로 빈부에 변치 않고　　負米信同貧富也
귤 떨어뜨린 일[93] 어찌 고금에 다를쏘냐　　墮橘何異古今耶
날 저무는 청산에 석양빛 비치는데　　　　日暮靑山夕陽裡
마음은 바람을 따르나 몸은 가지 못하네　　心隨風馳身未拖
오늘 하루도 부질없이 홀로 보내며　　　　此日此時空自送
뜰 느티나무 돌아보니 까마귀 부끄럽네[94]　回頭庭檜愧烏鴉
삼보에 바치고 잠시 후 물러 나와　　　　奉獻三寶小退來
밖으로 아이 불러 그에게 주었네　　　　　喚兒出外把與他

관비부도[95]
貫碑浮屠

청허와 풍담은 월저와 나란하고	淸虛楓潭連月渚
설암과 상월에 또 벽허로다	雪巖霜月又碧虛
화악과 진봉 그리고 용곡이요	華岳珍峯與龍谷
설봉과 무송 다시 낙서로다	雪峯撫松更樂西
청련과 허백 또한 허정이요	靑蓮虛白且虛靜
환성과 호암 및 연담일세	喚惺虎巖及蓮潭
만화와 응성에 지월이 있고	萬化應星有智月
영곡과 현해에 또 구암이 있네	靈谷懸解亦龜巖
연해와 월파에 정월이요	燕海月坡也定月
양악과 의암에 백화로다	羊岳義庵乃白華
함월과 백련에 곧 완호요	涵月白蓮即玩虎
중봉과 영송에 연파가 빼어나다	中峯靈松秀蓮坡
도암과 호암은 월해를 얻었고	道庵虎巖得月海
은암과 초의는 성주에 견주네	銀巖草衣況聖珠
운암과 녹파에 벽해요	雲巖綠坡是碧海
정암과 무염에 실로 명진이로다	靜巖無染實冥眞
백설과 남해는 철선의 후예이니	白雪南海後鐵船
51개의 탑과 13개의 비석일세	五十一塔十三碑

인물가[96]
人物歌

인물들의 재능을 서술하여	述人物之才能兮
후손에게 기연을 전하노니	傳機緣於後來
길에서 들은 애매한 것은 감추고	隱途聽之茫眛兮
뚜렷이 목격한 것만 나타낸다	現目擊於崔嵬
은암 스님은 강석을 열어 가르치다	銀巖師之設講兮
늙어 물러났어도 칼날은 여유로웠고[97]	老退院而刃恢
연하 공은 미리 학문을 닦아	緣何公之預修兮
살아서 복 빌고 재물을 티끌로 여겼다	生薦福而塵財
철우 스님의 작은 공양 바라노니	願鐵牛之斗升兮
길에서 상을 차려 해학을 지었고	路設奠而做詼
설곡 스님 추는 춤을 본뜨노니	傚雪谷之抃蹈兮
뜰에 대중이 가득하여 우렛소리로다	庭容衆而成雷
수룡 스님의 높은 풍격을 듣고서	聞袖龍之高風兮
멀고 가까움 잊고 좇아 모셨으며	忘遠近而追陪
호의 스님의 제례를 사모하여	慕縞衣之祭禮兮
너나없이 비로소 제사를 열었다	無自他而始開
높은 스님에게 제작을 묻는다면	問制作於宗匠兮
초의 스님을 두고 어디로 가리오	捨草衣而何回
스승에게 글과 글씨 배우려면	學書寫於師傅兮
철선 스님 말고 누가 으뜸이랴	倆鐵船而誰魁
율사의 엄격하고 청정함은	得律師之嚴淨兮
성담 스님을 거울이라 불렀고	號性潭謂鏡臺

선가의 도를 따른 분을 가리키자면	指禪家之隨順兮
문암 스님을 사회[98]라고 칭하였네	稱聞庵曰死灰
연잎을 제작하여 옷을 만들고	製茭荷而爲衣兮
흰 연꽃을 캐서 비단처럼 꾸몄으며	采白蓮而錦腮
코끼리와 물소 몰아 배를 삼아	御象犀而作舟兮
연파에 띄우니 달빛이 밝구나	浮烟波而月皚
금계의 물은 달빛 연못에 쏟아져	錦溪注於月淵兮
온갖 파도가 일어나 여유롭고	萬波起而優哉
설암 스님은 석호를 기르니	雪巖牧於石虎兮
금빛 물결 가득하고 옥이 쌓였네	金波匝而玉堆
퇴연에 푸른 연꽃이 나니	退淵生於翠蓮兮
금성을 열어 옥을 희롱하였고	開錦城而弄瑰
화성에서 은곡을 얻으니	花城得於銀谷兮
자월을 완상하고 매화를 감상했네	玩慈月而賞梅
보운은 풍엄에서 일어나서	寶雲興於豐广兮
범처럼 숨어서 침묵했고	虎隱中而含枚
묵화는 은봉에서 시 읊조리니	默和吟於隱峯兮
푸른 바닷가에서 장수하였네	碧海繞而背鮐
만일회의 기연과 교화여	萬日會之緣化兮
회암이 쉬니 달이 떠오르네	悔庵休而月醍
표충사의 자물쇠를 채우고	表忠祠之關鑰兮
부인 스님은 물러나서 두루 응했네	富仁退而應該
학당에 앉아 경을 강론하던	坐學堂而講經兮
보제 스님은 늙어 세상을 뜨고	普濟老而山頹
주지가 되어 일을 맡다가	差住持而辦事兮
성규 스님은 건강하게 늙으셨네	聖奎健而年催

금강과 해연에 달이 뜨자	錦江海淵月現兮
능파를 희롱하며 소요하였고	玩菱坡而盤桓
계학 스님은 만법을 휴헐하고	戒學萬法休歇兮
덕암을 세워 은둔하였네	建德庵而考槃
무위 스님은 진불암에 머물렀는데	無爲住於眞佛兮
복암이 시종하여 가르침 받았고	福庵從而佩蘭
포운은 계룡산에 유랑했는데	浦雲散於鷄龍兮
예암이 뒤따라 난새처럼 날았네	禮庵遵而飛鸞
두 분의 연세는 경월보다 높으니	兩壽高於鏡月兮
척령처럼 날아[99] 들판에 있었네	脊令飛而在原
쌍운은 서암에서 흥기하여	雙雲興於恕庵兮
계수나무 그늘이 문을 가렸네	賴桂昌而蔭關
구름이 용파에서 일어나 흩어지니	雲起滅於龍坡兮
동방이 변화하여 서방정토인 듯	東方化而西乾
봄빛이 금빛 연못에 화창한데	春光和於金潭兮
하늘 가에 달이 떠 진한 땅을 비치네	傍月昇而辰韓
저 크고 넓은 기상이여	彼浩然之氣像兮
푸른 노을이 선관에 비꼈구나	靑霞橫於禪觀
아, 조화가 운행하는 시절이여	吁化運之時節兮
설허는 비단 휘장에 여유롭다	雪虛圉於錦幬
남파는 남대에 은거하여	南坡隱於南臺兮
홀로 관문 지키며 안거했네	獨守關而安居
월파가 달빛 누각에서 읊조리니	月坡吟於月樓兮
다투어 모셔서 단상에 올랐고	爭請席而登壇
여러 산문에서는 연주를 향하여	諸山向於蓮舟兮
나루 묻고[100] 여울 보려 했네[101]	要問津而觀瀾

유영하는 물고기 범해에 모여	游魚聚於梵海兮
언덕 엿보고 속을까 저어하고	但窺涯而慮瞞
용담은 국담과 이웃하며	龍潭隣於菊潭兮
경암과 함께 일을 주관했네	同敬庵而能官
학봉은 이암에서 곧게 계시며	鶴峯貞於理庵兮
진흙 속 연꽃 심어 밝게 빛나고	種泥蓮而明爛
우학 스님은 유나[102]로 늙어 가며	禹學老於維那兮
편지를 전하니 옥이 쟁반에 구르는 듯	傳信札而玉盤
민흔 스님은 주지 일을 행하여	敏欣行於住持兮
윤환을 얻어 문장이 빛나고	得允煥而文翰
영원한 흔영 대부여	永欣永之大夫兮
자손을 길러 면면하도다	長兒孫而漫漫
신묵은 민첩하게 주장하니	敏信默之主張兮
권도와 벼리 잡아 여유롭네	執權綱而寬寬
삼신산이 바닷가에 빼어나니	三山秀於海際兮
유, 불, 선의 의관이요	孔李釋之衣冠
삼교가 완당에게서 성대하니	三咸茂於阮堂兮
진, 제, 량의 비단인 듯하다	晋齊梁之綺紈
삼강[103]의 주지에 앉아 있으니	坐三綱之僧首兮
율문은 한가하여 견디기 어렵고	律乂閒而堪難
문방사우를 놀려 기록하니	弄四友之記書兮
안정되고 매끄러워 기쁘다	欣安定而轉丸
표표한 높은 풍모를 우러르니	瞻高風之飄飆兮
운율은 넉넉하여 놀며 보았네	雲律衍而遊看
급류의 여울물을 맡으니	掌急流之激湍兮
인한은 능하나 땀을 훔치네	仁閒能而揮汗

뛰어난 재주 참으로 많으니	銳氣多於車載兮
처음만 보고 다 묘사가 어려워	看其始而難殫
붓을 쓰다가 기로에 이르니	筆路涉於羊歧兮
비난이 두려워 번다함 삭제하네	畏人誚而削繁

산수가
山水歌

산이 넓은 허공 우뚝 솟아	山巚壁於沈寥兮
줄기와 지맥 멀리 뻗어 있고	分祖孫而逶迤
물은 깊은 골짜기에 흘러	水潺湲於谽谺兮
청탁으로 나뉘어 적시네	派淸濁而滲灘
만 길 벼랑 높기도 할 사	萬丈高於懸崖兮
나는 새도 쉬며 탄식하는데	飛鳥息而齎咨
산마루에서 멀리 바라보니	千里望於尖巔兮
큰 고을이 아득히 희미하다	雄州杳而希夷
금강암은 골짜기를 굽어보며	金剛巖之壓谷兮
만년을 지나도록 터를 잡고	閱萬歲而鑢基
장춘동은 푸른빛 가득하여	長春洞之滿翠兮
사시사철 내내 무성하도다	跨四時而葳蕤
시내는 깊은 연못에 쏟아져	澗流注於磐淵兮
언덕의 꽃을 붉게 비추고	照岸花而紅脂
잉어는 못 밑에서 늙으며	吐鯉老於潭底兮
낚시를 보고 두려워하네	見月鉤而畏危
돛대를 노의 뒤에 세우고	石帆立於楫後兮
배는 물을 가르며 그물 펼치고	船行水而張維
불경은 누대 앞에 보관하고	葉經藏於臺前兮
소는 언덕 누워 새김질한다	牛臥丘而嚼齝
호랑이는 걸터앉아 돌아보고	虎蹲踞而反顧兮
개는 잔디 뜰에 누워 잠들었네	狗臥眠於莎墀
병풍은 주위 둘러 다시 열고	屛周圍而復開兮

장막을 덮어 아름다운 기약이라	幄覆盖而嘉期
한밤중에 샘물 용솟음치니	孤泉溢於半夜兮
샘물 숨으면 번성함도 쇠잔하고	將泉隱而旺衰
구름다리 두 벼랑 가로놓이니	雲橋橫於雙崖兮
무지개다리 무너지면 운도 쇠한다네	虹橋墮而運萎
만 갈래 폭포는 용지에 쏟아지고	萬瀑瀉於龍池兮
천 개 바위는 빼어나 호랑이가 버틴 듯	千巖秀而虎踞
천 부처님 땅 가운데 앉아 계시니	千佛坐於地心兮
다섯 가지 향연이 피어나누나	五香爇而烟垂
네 고승 신라 고려에 흥기하니	四聖興於羅麗兮
높고 낮은 탑에 항상 사모하고	塔高低而永思
세 스님을 봄가을로 제향하여	三師享於春秋兮
사원 오르내리며 제사를 지낸다	院降登而從祠
산세가 남녘에 가장 웅장하고	山勢雄於南方兮
구곡은 닫혀 빗장이 되었는데	九曲鎖而扅屦
절의 교화가 동국에 떨치니	寺風振於東國兮
산문을 활짝 열어 함께하네	四門開而推移
산수를 시구에 담아내신 분은	山水入於詩句兮
철선 스님과 초의 선사이시고	鐵船幷而草衣
형국을 의론으로 드러내신 이는	形局現於議論兮
열수[104]를 이어 송파 선생이로다	洌水係而松坡
소나무는 눈 속에서도 울창하니	松鬱鬱於雨雪兮
오임[105]이 관장하여 벌목 금하고	五任掌而禁枝
잣나무는 숲 가운데 푸르러	栢葱葱於林薄兮
삼성[106]이 감독해 채벌을 막는다	三星監而拒私
묵언의 선패를 걸어 놓으니	掛默言之禪牌兮

사방 산문에서 모여 의단 풀고	四山會而解疑
문자로 교리를 설명하니	說文字之敎理兮
팔방에서 와 떳떳한 도리 잡는다	八域來而秉彝
돌샘은 열한 곳에 열려 있어	石井開於十一兮
회록107이 멀리서 엿보지 못하고	禳回祿之遠窺
열두 분 종사가 주석하시어	宗師住於十二兮
도량의 선견지명 드러내셨다	標道場之先知
단풍잎은 국화 핀 가을에 짙고	楓葉濃於菊秋兮
연광은 엉겨 기이한 자태 뽐내고	烟光凝而逞奇
버들 솜은 번풍108에 휘날려	柳絮飛於番風兮
녹음이 짙게 자태를 나타내누나	綠陰肥而恣姿
고개 줄기는 웅장하게 솟아	嶺脊壯世贔屭兮
힘차게 기복하여 들쭉날쭉하고	怒起伏而參差
샘의 근원은 아득히 흘러	泉源流其浩淼兮
소리치며 솟구쳐 쏟아지네	沸騰驤而喧豗
호숫가에서 서울을 바라보니	望西笑於湖上兮
서울 나그네 머물러 시를 쓰고	洛驛住而題詩
바다 밖에 남극성 비추니	照南極於海外兮
제주도 사신이 멈추어 복을 빈다	濟星停而祝釐
전인과 후인이 읊고 노래하니	前人咏而後咏兮
아름다운 풍광에 마음 어지럽고	風光惱於佳時
새벽과 저녁에 종소리 울리니	曉鐘鳴而夕鳴兮
세상사 우레보다 더 빠르구나	世事催於迅雷
길은 험하여 높고 낮게 이어져	路崎嶇而高低兮
각도109 붉은 벼랑에 놓였고	閣道起於丹崖
구름은 자욱이 모였다 흩어지니	雲冪歷而聚散兮

기이한 봉우리 푸른빛이 짙구나	奇峯多於翠微
푸른 물결 곡풍[110]에 일렁이니	碧浪起於谷風兮
맑은 향기가 두루 퍼지고	淸香徧而緋緋
낭간[111]이 허공에서 떨어지니	琅玕落於太虛兮
소름이 돋아 기온이 차갑구나	塞粟生而凄凄
흰 산이 눈 속에 빼어나	白山秀於雪令兮
주옥[112]이 동서에 쌓였고	珠玉堆而東西
비가 오면 푸른 바다 움직여	碧海移於雨際兮
파도가 높고 낮게 흉용하네	波濤湧而高低
전각에서 승방에 이르기까지	鵝殿連於蠶房兮
원앙 기와 잇달아 나는 듯	鴛鴦飛而追隨
곡탑은 용미[113]에 자리하여	鵠塔點於龍尾兮
무지개는 길게 뻗어 달리네	虹霓亘而奔馳
경대는 기울어 푸른 이끼 끼고	經臺傾而綠苔兮
고라니 사슴은 난초 계단에 노닐며	麋鹿遊於蘭階
수계단의 터는 홍진에 묻혔고	戒壇墟而紅塵兮
까마귀는 봉황 문설주에 깃들었네	烏鳥巢於鳳楣
용마암의 성쇠여	龍馬庵之成壞兮
석가산과 연못만 남았고	石假山而泓池
쾌년각을 건설하니	快年閣之設建兮
대나무가 숲을 이루어 울타리 되었네	竹猗林而欑籬
노적봉은 위아래에 우뚝하여	委露積於上下兮
안팎을 보호해 달이 차고 기울고	鎭內外而盈虧
옥빛 시냇물은 콸콸 소리 내며	鳴玉澗於左右兮
좌우로 나뉘어 더디 흐른다	分龍虎而滯遲
험하고 평탄한 곳 보고 글을 엮으니	覽險夷而編文兮

책상 위에 붓이 춤을 추는데 　　　　婆娑舞於帷丌
기괴한 산수를 모아 논평하고 　　　收怪奇而聚訟兮
갈림길에 배회하며 노래하노라 　　徘徊歌於歧達

다가
茶歌

책 펴고 오래 앉아 있으니 정신 아득해	攤書久坐精神小
차 생각 갑자기 일어 금하기 어렵네	茶情暴發勢難禁
우물에 꽃 피어 달고 부드러우니	花發井面溫且甘
물병에 담아 화로에 끓는 소릴 듣는다	蚪罐擁爐取湯音
두세 번 달이니 맑은 향기 피어나고	一二三沸淸香浮
너덧 사발에 땀이 약간씩 나니	四五六椀微汗泚
상저의 다경[114]도 이제 옳은 줄 깨닫고	桑苧茶經覺今是
옥천의 다가[115]도 대체를 알았노라	玉泉茶歌知大體
보림사의 금설[116]은 영부로 실어 가고	寶林禽舌輸營府
화개의 진품은 궁궐에 바치며	花開珍品貢殿陛
함평과 무안의 토산은 남녘의 으뜸	咸務土產南方奇
강진과 해남 제품은 북경에 올리네	康海製作北京啓
마음의 허물 일시에 다 사라지니	心累消磨一時盡
깨끗하고 밝은 신광 반나절 더하고	神光淨明半日增
수마를 물리쳐 어지러운 눈 깨우며	睡魔戰退起眼花
식기를 가라앉혀 가슴을 트여 주네	食氣放下開心膺
괴로운 이질 없앰 일찍 경험하였고	苦利停除曾經驗
감기의 독 풀어 주어 트이게 하니	寒感解毒又通明
공자의 종묘에서 신에게 따르고	孔夫子廟祭神酌
석가모니 법당에도 정성껏 공양하네	釋迦氏堂供養精
서석산의 창기[117]는 인仁으로 인해 시험하고	瑞石槍旗因仁試
백양산의 설취[118]는 신神 따라 기울이네	白羊舌觜從神傾
덕룡산의 소룡단[119]은 교유 끊긴 지 오래	德龍龍團絶交澗

월출산에서 나온 차는 신의 막혀 가볍네	月出出來阻信輕
중부자의 옛 거처 이미 언덕 되었는데	中孚舊居已成丘
이봉이 깃든 산은 이제 병을 두었고	离峯捿山方安缾
법대로 조화함은 무위의 장실이요	調和如法無爲室
예대로 보관함은 예암의 휘장이로다	穩藏依古禮庵帡
호오를 막론함은 남파의 고질병이요	無論好否南坡癖
많고 적음 마다 않는 것은 영호의 정	不讓多寡靈湖情
자세히 살피니 세속에 즐기는 자 많아	細看流俗嗜者多
당송의 여러 성현보다 못하지 않구나	不下唐宋諸聖賢
선가의 유풍은 조주 늙은이의 말[120]이요	禪家遺風趙老話
참맛을 안 것은 제산이 가장 먼저로다	見得眞味霽山先
만일암 공부 마치고 달빛 구경하는 밤	挽日工了玩月夜
풀무 불며 끓이는 차 나를 이끄네	茗供吹籥煎相牽
광주리에 낫으로 섣달 납일에 취하고	正筥彥銍臘日取
성학은 샘물을 길러 태련을 부른다	聖學汲泉呼太蓮
온갖 병과 시름을 모두 보내 없애고	萬病千愁都消遣
자성을 따라 소요하니 금선[121]이로다	任性逍遙如金仙
경탕과 보기 및 논송을	經湯譜記及論頌
한 불씨에 태워 가없는 하늘로 날리네	一星燒送無邊天
어찌 기정의 역시 니에게 진하나	如何 奇正力書與我傳

『범해선사시집』 제2권 끝
梵海禪師詩集 第二卷終

주

1 고각叩角의 노래 : 춘추春秋시대에 영척甯戚이 곤궁하여 남의 소를 먹이면서 소의 뿔을 두드리며 노래를 지어 불렀더니, 제 환공齊桓公이 듣고 정승을 삼았다. 여기에서는 큰 뜻을 품은 노래라는 말이다.
2 삼함三緘 : 몸·입·뜻을 삼가라는 뜻으로, 절의 큰방 뒷벽에 써 붙이는 글이다.
3 사서四序 : 봄, 여름, 가을, 겨울의 네 계절.
4 처신함에 하필~띠에 쓰리오 : 자장이 바른 행동에 대해서 묻자, 공자께서 말을 충신忠信하게 하고 행동을 독경篤敬하게 하라고 하였으며 항상 마음속에 충신과 독경을 주인 삼으라고 하시니 자장이 그 말씀을 띠에 써서 봉행하였다.
5 백비百非 : 사구분별四句分別·사구문四句門이라 하여 변증법辯證法의 한 형식. 사구는 정립定立·반정립反定立·긍정종합肯定綜合·부정종합否定綜合이니, 이제 유有와 공空으로 만유 제법을 판정할 때에, 제1구의 유는 정립, 제2구의 공은 반정립, 제3구의 역유역무亦有亦無는 긍정종합, 제4구의 비유비공非有非空은 부정종합이며, 처음 2구를 양단兩單, 뒤의 2구를 구시구비俱是俱非 또는 쌍조쌍비雙照雙非라 한다. 백비는 부정을 거듭하는 것으로서, 몇 번이고 부정을 거듭할지라도, 참으로 사물의 진상을 알기 어려울 때에 써서, 중생들의 유무有無의 견해에 걸림을 없애게 하는 것.
6 삼우三友 : "유익한 벗이 세 종류 있고 해로운 벗이 세 종류 있다. 정직한 사람을 벗하고, 성실한 사람을 벗하고, 견문이 풍부한 사람을 벗하면 도움이 된다. 편벽된 사람을 벗하고, 부드러운 척하면서도 아첨하는 사람을 벗하고, 말만 그럴듯하게 둘러대는 사람을 벗하면 해가 된다.(益者三友。損者三友。友直。友諒。友多聞。益矣。友便辟。友善柔。友便佞。損矣。)"『論語』「季氏」.
7 문옹文翁 : 문장이 뛰어난 노인이라는 뜻이다.
8 토란을 굽는 정 : 서로 다정함을 이르는 말. 송宋나라 모헌牟巘이 백운白雲 상인에게 준 시에 "화롯가에서 토란을 삶으며 서로 마주하니 기쁘구나.(爐頭煨芋火。相對各欣然。)"라는 글귀가 있다.
9 삼산三山 : 신선이 산다는 전설의 산으로 봉래蓬萊, 방장方丈, 영주瀛洲를 말한다.
10 남녘에 : 원문 '翼軫'은 남쪽을 주관하는 주작 칠수朱雀七宿 중의 두 별자리 이름이다.
11 삼천의 동남동녀 : 동해에 봉래·방장·영주의 삼신산三神山이 있어 선인仙人이 그 속에서 산다는 말을 듣고, 진시황秦始皇이 서불徐市을 시켜 찾게 하여, 서불이 동남동녀 삼천을 요구하여 거느리고 떠났다는 고사가 있다. 『史記』「秦始皇本紀」.
12 신선을 : 원문 '期松'은 옛 중국의 신선 안기생安期生과 적송자赤松子를 가리킨다.
13 여산廬山의 진면목 : 소동파蘇東坡의 시 〈題西林寺壁〉에 이르기를, "가로 보면 고개

되고 측면에서 보면 봉우리 원근과 고저가 각각 다르구나. 여산의 진면목을 알지 못하는 것은 다만 이 몸이 산중에 있기 때문이네.(橫看成嶺側成峯。遠近高低各不同。不識廬山眞面目。只緣身在此山中。)"라고 하였다.

14 아름다운 폭포가 : 원문은 '白練'이다. 당唐나라 서응徐凝의 시 〈廬山瀑布〉에 "예나 이제나 길게도 흰 비단처럼 날리나니, 폭포 한 줄기 경계 나눠 청산의 빛을 깨뜨리네.(今古長如白練飛。一條界破青山色。)"라고 하였다.

15 부상扶桑 : 전설상의 나무 이름으로 해가 뜨는 동쪽을 가리키는데, 해가 뜰 때 이 나무 아래에서 솟으나 나무를 스치고 떠오른다고 한다.

16 양곡暘谷 : 전설 속의 해 뜨는 곳을 말한다. 『書經』「堯典」

17 함지咸池 : 중국의 전설에 나오는, 해가 진다고 하는 서쪽의 큰 못이다.

18 자첨子瞻의 베개에~스쳐 지나고 : 자첨은 송나라 문인 소식蘇軾의 자字이다. 소식의 〈後赤壁賦〉에, "때는 한밤중이라 사방을 둘러보아도 조용하더니, 마침 외로운 학이 동쪽에서 강을 가로질러 날아오는데, 날개는 수레바퀴처럼 크고 검은 치마에 흰 저고리를 입은 채로 끼륵끼륵 길게 소리 내어 울면서 나의 배를 스쳐 서쪽으로 날아갔다.(時夜將半。四顧寂寥。適有孤鶴。橫江東來。翅如車輪。玄裳縞衣。戛然長鳴。掠予舟而西也。)"라고 한 데서 온 말인데, 여기서 학은 신선神仙을 말한다.

19 오작烏鵲 : 맹덕孟德은 조조曹操의 자이다. 삼국시대 조조의 시 〈短歌行〉에 "달은 밝고 별은 드물 제, 까마귀 까치가 남쪽으로 날아서, 나무를 세 바퀴 돌아보지만, 의지할 가지가 없구나.(月明星稀。烏鵲南飛。繞樹三匝。無枝可依。)"라고 한 구절이 있다.

20 두우斗牛 : 북두성과 견우성을 가리킨다.

21 백락伯樂 : 중국 고대의 말을 잘 감별하던 명인이다.

22 기북冀北의 말 : 중국의 기주 북쪽은 명마名馬의 산지이다. 천리마란 뜻이다.

23 학정鶴頂의 시구 : 붉은 동백꽃을 단정丹頂의 학에 비유한 듯하다.

24 묘고대妙高臺 : 수미산須彌山을 번역한 이름.

25 고호두顧虎頭 : 고개지顧愷之의 자는 장강長康·호두虎頭이고, 강소성江蘇省 무석無錫에서 태어났다. 생몰연대는 분명하지 않으나 의희義熙 연간(405~418) 초기에 산기상시散騎常侍가 된 얼마 후 62세로 죽은 듯하다. 흥녕興寧 2년(364) 건강建康(南京)에 있는 와관사瓦官寺 벽면에 유마상維摩像을 그려 화가로서 이름을 나타내었다. 초상화와 옛 인물을 잘 그려 중국 회화사상 인물화의 최고봉으로 일컬어진다.

26 내원內院 : 도솔천에 있는 두 원의 하나로 미륵보살이 항상 여기 계시면서 인천人天에 설법한다고 함.

27 아련야阿練若 : ⓢ araya. 아란야阿蘭若·아란나阿蘭那·아란양阿蘭攘. 적정처寂靜處·무쟁처無諍處·원리처遠離處라 번역. 시끄러움이 없는 한적한 곳으로 수행하기에 적당한 삼림·넓은 들·모래사장 등을 가리키는 말. 보통 촌락에서 1구로사拘盧舍나 반 구

로사쯤 떨어진 곳.
28 옥청玉淸 : 도교에서 신선이 산다는 삼청三淸의 하나. 상제上帝가 있는 곳이다.
29 낙하洛下 : 서울과 경기 지역을 가리킨다.
30 화택火宅 : ⓢ Ādīptāgāra의 번역. 『法華經』 칠유七喩의 하나. 인간 세상을 탐貪·진嗔·치癡 등의 번뇌로 불타오르는 집에 비유한 것. 곧 고뇌가 가득 찬 이 세계를 말한다.
31 작은 정성~신령하지 않네 : 미상.
32 풀 헤치고 바람 맞으며 : 무명無明의 풀을 뽑아 버리고 불조佛祖의 현풍玄風을 바란다는 의미. 또는 선지식을 참배하러 여기저기 운수행각하였다는 뜻이다.
33 침개針芥: 개자투침芥子投針의 준말로 극히 만나기 어려움을 비유한다. 겨자씨와 바늘은 모두 미세하여 서로 맞추기가 어렵기 때문이다. '芥子容須彌, 毛孔收刹海.'와 같이 자주 쓰이는 비유이다.
34 염객廉客 : 청렴한 선비라는 뜻인 듯하다.
35 얼굴 가리고 : 원문은 '蓋頭'로 개두환면蓋頭換面의 준말. 외모만 바꾸고 속은 변함없다는 뜻이다.
36 회삼귀일會三歸一의 법 : 실교實敎에 들어가게 하는 방편 수단으로 삼승三乘을 개회開會하여, 실교인 일승一乘에 돌아가게 한다는 뜻. 『法華經』 이전에 말씀한 삼승은 방편이라고 타개打開하여, 삼승은 일승에서 나누어 말한 것이므로 일승 밖에 삼승이 없고, 삼승 밖에 일승이 따로 없다고 융회融會하는 것이다.
37 증상만增上慢 : 사만의 하나. 또 칠만의 하나. 훌륭한 교법과 깨달음을 얻지 못하고서 얻었다고 생각하여 제가 잘난 체하는 거만. 곧 자기 자신을 가치 이상으로 생각하는 일.
38 용녀龍女 : 사갈라 용왕의 딸은 나이 겨우 8세이지만 지혜가 숙성하였는데, 문수보살의 교화로 제법실상諸法實相의 진리를 깨닫고 석가부처님께 와서 변신하여 남자가 되고 보살행을 수행하여 남방무구세계에 가서 성불하였다고 한다. 『法華經』 「提婆達多品」.
39 반월半月 : 달을 둘로 나누어 계명戒名을 설법하는 기간. 안거를 할 때 반월마다 포살을 한다.
40 삼만이 이어졌네 : 『維摩經』에 비야리성의 장자 유마거사가 병이 들자 부처님께서 수많은 제자와 보살들을 보내어 문병하게 하였는데 그 수가 삼만이라는 뜻이다.
41 향적불香積佛 : 많은 보살과 제자들이 유마거사를 문병할 때에 밥때가 이르자 사리불이 마음으로 많은 대중들을 먹이지 못할까 근심하였다. 유마거사가 그 뜻을 알고 신통력으로 먼 불국토의 향적 부처님으로부터 청정한 향반香飯을 가져와 대중들을 먹였다.
42 등왕燈王의 보좌寶座 : 유마거사의 방에 앉을 자리가 없는 것을 본 사리불舍利佛이 "이 많은 사람들이 어디에 앉을까."라고 고민하자 유마거사가 그 뜻을 알고 머나먼 불국토

의 수미등왕須彌燈王 부처님께 수많은 사자좌獅子座를 빌려 와서 방에 설치하고 많은 대중들을 앉게 하였다.
43 유마維摩의 침묵 : 여러 보살과 제자들이 유마거사와 함께 불이법문不二法門을 얘기하였는데 마지막에 유마거사가 침묵을 지키자 문수사리가 침묵이야말로 참된 불이법문이라고 찬탄하였다.
44 천녀天女의 신통력 : 유마거사의 방에서 한 천녀가 설법을 듣고 여러 보살과 제자들에게 천화天華를 뿌려서 옷에 붙였다. 사리불이 그 꽃을 떼려고 하였으나 떼지 못하니 천녀가 그대의 분별심으로 말미암아 꽃을 떼지 못한다고 비판하였다.
45 다섯 수레의 책 : 당唐 두보杜甫의 시〈題栢學士茅屋〉에 "부귀는 반드시 부지런함으로 얻어야 하고 남아라면 반드시 다섯 수레의 책을 읽어야 한다.(富貴必從勤苦得。男兒須讀五車書)"라고 하였다.
46 과거 시험으로~한만 새롭네 : 미상.
47 장호杖虎와 발룡鉢龍 : 지팡이로 호랑이의 싸움을 말리고 용을 발우에 가두었다는 의미.
48 정의旌義 : 제주도의 지명이다.
49 함께 태어났으니 : 범해 각안은 경주 최씨로 최석치와 동성同姓이다.
50 어묵御墨 : 임금의 친필 글씨이다.
51 이 뜰에~깨닫지 못하겠네 : 미상.
52 옥을 품고 : 인의仁義의 덕을 쌓아 품는다는 뜻인 듯하다.
53 오주에서 달 보거든 : 이백李白의〈送張舍人之江東〉이라는 시에 "오주에서 만일 달을 보거든 천 리 밖 이 몸을 생각해 주소.(吳洲如見月。千里幸相思)"라고 하였다.
54 조주趙州는 세~차 얘기하고 : 조주가 스님에게 "이곳에 온 적이 있느냐?"라고 묻자, "온 적이 있습니다."라고 하였다. 조주가 "차나 한잔 마시게."라고 하고 또 한 스님에게 똑같이 묻자, "없습니다."라고 하였다. 조주는 또 "차나 한잔 마시게."라고 말하였다. 이에 원주가 묻기를, "왜 스님께서는 어떤 대답을 하든지 '차나 한잔 마시게'라고 하십니까?"라고 하니 조주가 말하기를, "그대도 차나 한잔 하게."라고 하였다.
55 백장百丈은 다시~벗겨 주네 : 백장 스님이 항상 설법을 하면 모르는 노인이 듣곤 하였다. 어느 날 백장이 누구냐고 묻자, 노인이 대답하기를, "전생에 수행인이었는데 수행인은 '인과에 떨어지지 않는다.(不落因果)'라고 잘못 대답하여 오백생을 야호野狐(들여우)의 몸으로 전전하였습니다. 선사께서 바르게 대답해 주시어 야호의 몸을 벗어나게 해 주소서."라고 하였다. 백장이 물어보라고 하자 노인이 묻기를, "대수행인도 또한 인과에 떨어집니까?"라고 하니 백장이 대답하기를, "인과에 어둡지 않다.(不昧因果)"라고 하였다.
56 철 도끼(鐵鉞) : 관찰사를 가리킨다.
57 창 앞에서~모두 삼키고 : 묵은 종이를 모두 삼켰다는 말은 교학 공부를 모두 마친 것

을 비유한 말이다.
58 월악산 : 이 작품에서는 월출산을 가리키는 것으로 보인다.
59 수의銖衣 : 지극히 가벼운 옷으로 불경에서는 모든 천인天人의 옷을 말한다.
60 북장北藏 : 명나라 성조成祖 영락永樂 8년(1410)에 칙령으로 북경에서 간행한 대장경. 영락 10년부터 15년까지 남경에서 간행한 것을 남장南藏이라고 한다.
61 구오사미驅烏沙彌 : 삼사미의 하나. 절에서 먹는 음식을 보고 날아드는 까마귀를 쫓으며, 또 파리 따위를 날리는 사미란 뜻. 7세에서 13세까지를 말한다.
62 해조음海潮音 : 소리가 큰 것을 조수에 비유한 것. 또 해조는 무념無念이나 때를 어기지 않는 것처럼, 부처님이 대비大悲하신 목소리로 때를 따르고 근기에 맞추어 설법하심을 말한 것이다.
63 노고추老古錐 : 노덕老德에 대한 경칭. 추錐는 끝이 날카로워 물건을 뚫는 송곳. 노고老古는 존경하는 말로서 노대원숙老大圓熟이란 뜻. 사가師家의 선기禪機가 예민하기가 날카로운 송곳과 같다는 뜻이다.
64 전좌銓座 : 이조의 정랑과 좌랑을 높여 칭하는 말이다.
65 주머니의 송곳 : 진秦나라가 조趙나라의 서울 한단邯鄲을 공격했다. 조의 평원군平原君은 초楚나라에 구원군을 요청하려 했다. 그때 문하의 식객 중 문무를 갖춘 자 20명을 데리고 함께 가기로 하고는 19명을 선발했으나 나머지 한 명을 채울 사람이 마땅치 않았다. 이때 모수毛遂라는 자가 자청하고 나서자 평원군은, "뛰어난 인물이 세상에 있는 것은 송곳이 부대 자루에 있는 것과 같아서 송곳의 끝이 밖으로 삐져나오듯이 그 뛰어남이 저절로 드러나는 법이다.(囊中之錐) 그런데 그대는 내 문하에 있은 지 3년에 당신의 이름을 들어 보지 못했소."라고 하자 모수가 대답하였다. "나를 부대 속에 넣어 주기만 하면 끝만이 아니라 그 자루까지도 보여 줄 것입니다." 이에 평원군은 그를 채워 20명과 함께 가게 되었는데, 그의 뻔뻔함에 나머지 19명은 모두 그를 바라보며 비웃는 것이었다. 그러나 막상 진나라에 도착하자 모수의 당당한 변설과 태도로 초나라와의 동맹을 무사히 맺은 것은 물론, 모수는 일약 협상의 주역이 되어 평원군과 초와의 자리에 나란히 하게 되었다.
66 병 속 이슬 : ⓢ amta. 아밀리다阿密哩多라 음역. 불사不死·천주天酒라 번역. 소마蘇摩의 즙, 천신들의 음료. 또 하늘에서 내리는 단 이슬이라 하여 감로라 이른다. 예로부터 훌륭한 정사를 행하면 천지가 이 상서를 내린다고 한다. 불경에는 감로란 말이 많은데, 불타의 교법이 중생을 잘 제도함을 비유한 것이다.
67 석상의 보배 : 선비의 재덕才德이 일컬어짐을 뜻하는 말로, 『禮記』「儒行」에 "유자는 석상의 진귀한 보배처럼 자신의 덕을 갈고 닦으면서 임금이 불러 주기를 기다린다.(儒有席上之珍以待聘)"라고 한 데서 나온 말이다.
68 무딘 도끼 : 원문은 '鉏斧'이다. 청원 행사青原行思 선사가 말하기를, "나에게 무딘 도

끼가 있으니 너에게 주리라."라고 하였다. 무딘 도끼는 훌륭한 도를 비유하는 말이다.

69 백산白傘의 문장이라 : 백산은 흰 일산日傘으로, 자비로써 중생을 두루 덮어 줌을 상징한다.

70 벼루에 더하고 : '연硯'은 '연緣'과 통한다.

71 동산東山의 삼소三笑 : 여산廬山 동림사東林寺에 거하던 진晉나라 고승 혜원慧遠이 손님을 전송할 때에도 앞 시내인 호계虎溪를 건너지 않았는데, 도잠陶潛과 육수정陸修靜을 배웅할 적에는 자신도 모르게 호계를 건넜으므로, 세 사람이 크게 웃으며 헤어졌다는 이야기이다.

72 김 공이~와서 물었다니 : 김시습의 호는 오세아五歲兒로, 이와 관련이 있는 듯하다.

73 삼여三餘 : 학문을 하는 데 가장 좋은 세 가지 여가로, 바로 해의 나머지(歲之餘)인 겨울, 날의 나머지(日之餘)인 밤, 때의 나머지(時之餘)인 음우陰雨이다.

74 맹종孟宗 : 오吳나라 강하江夏 사람 맹종이 어미를 효성으로 섬겼는데, 그 어미가 죽순竹筍을 즐겨 먹었다. 겨울에 그 어미가 죽순을 찾자 맹종이 대나무 숲에 가서 탄식하니 죽순이 돋았다고 하는 고사가 있다. 『三國志』「吳志」'孫皓傳' 주註.

75 잘 훈도해 : 원문은 '虛往實歸'. 『莊子』에 나온 말로, 비우고 가서 채워 돌아온다는 뜻으로, 마음에 잡념이 없으면 사물의 이치를 저절로 깨닫게 되어 가득 채우게 된다는 뜻. 또는 학인이 무지한 채로 가서 지혜를 가득 얻고 돌아오는 것을 이르는 말이다.

76 열심히 공부하면 : 원문은 '如救頭燃'. 머리에 불이 붙으면 급히 끄듯이 경중經中에서는 모든 일을 돌아보지 않고 일심으로 정진한다는 뜻으로 쓰인다.

77 임우霖雨 : 장맛비이다.

78 장기瘴氣 : 축축하고 더운 남녘땅에서 생기는 습하고 독한 기운이다.

79 응진應眞 : [S] arhan. 소승의 교법을 수행하는 성문聲聞 4과의 가장 윗자리. 아라한阿羅漢・응공應供・살적殺賊・불생不生・이악離惡이라 번역.

80 월지月氏 : 월지국. 서역의 나라 이름. 불교가 크게 번성하여 중국에 불경을 전한 이가 많았다. 신라 탈해왕 1년에 불상 57구를 실은 돌배가 월지국에서 바다를 건너 금강산에 도착했다는 전설이 전한다.

81 두타頭陀 : 번뇌의 티끌을 떨어 없앴다는 뜻으로, 스님을 말한다.

82 방온龐蘊 : 자는 도현. 중국의 형주 형양현 사람. 당나라의 거사로 석두石頭에게 가서 선지禪旨를 짐작斟酌하였다. 뒤에 마조馬祖에게 가서 묻기를 "만법과 짝하지 않는 이가 어떤 사람입니까?"라고 하니, 마조가 "네가 서강西江의 물을 한입에 마셔 버린 뒤에야 일러 주마."라고 하였다. 거사는 이 말에 의심을 가지고 정진하여 깨달았다. 죽으려 할 즈음에 딸 영조靈照에게 해그늘을 보아서 오시午時가 되거든 말하라고 부탁하였다. 영조가 "지금 오시가 되었는데 일식을 합니다."라고 하니, 거사가 문밖에 나가 보는 동안에 영조가 거사의 평상에 올라앉아 죽었다. 이를 보고 거사는 웃으면서 "내 딸이 솜

씨가 빠르구나!"라고 하고는 7일 후에 숨을 거두었다.

83 적벽의 가을밤~향해 날다가 : 소동파蘇東坡의 〈後赤壁賦〉에 "마침 외로운 학 한 마리 강을 건너 동쪽에서 오는데 날개는 수레바퀴 같고 흰 옷과 검은 치마로 길게 울었다.(適有孤鶴。橫江東來。翅如車輪。玄裳縞衣。戛然長鳴。)"라고 하였다. 여기에서는 호의 縞衣 선사의 어원을 말한다.

84 천 길~덕을 보았네 : 『史記』「賈誼傳」에 "봉황이 천 길이나 높이 날아 밝은 덕을 보고 내려오네.(鳳凰翔于千仞兮。覽德輝而下之。)"라고 하였다. 훌륭한 인물들이 호의 선사의 덕을 보고 모였다는 뜻이다.

85 금성錦城 : 오늘날의 나주이다.

86 색금塞琴 : 전라남도 해남의 백제 시대 지명이다.

87 바라보면 앞에~뒤에 있으니 : 안연이 크게 탄식하며 말하였다. "우러러볼수록 더욱 높고, 뚫을수록 더욱 굳으며, 바라보면 앞에 계시다가도, 어느 틈에 뒤에 계신다. 선생님께서는 차근차근 사람을 잘 유도해 주시어, 학문으로써 우리를 넓혀 주시고, 예로써 우리를 단속해 주신다. 그만두려 해도 그만둘 수 없어, 나의 재능을 다하고 나니, 앞에 세워 주신 지표가 우뚝한 듯하다. 비록 그것을 따르고자 하나, 따를 길이 없다.(顔淵喟然歎曰。仰之彌高。鑽之彌堅。瞻之在前。忽焉在後。夫子循循然善誘人。博我以文。約我以禮。欲罷不能。旣竭吾才。如有所立。卓爾雖欲從之。末由也已。)" 『論語』「子罕」.

88 옥산玉山이 무너지는 모습 : "혜강嵇康의 자태가 마치 외로운 소나무가 홀로 선 것처럼 빼어나 그가 술에 취해서 넘어지면 옥으로 된 산이 무너지는 것과 같았다."라고 하였다. 『世說新語』「容止」.

89 공경을 다하고 : 『禮記』「曲禮」에 "공경하지 않음이 없으며 생각이 엄숙하면 백성들이 편안하다.(毋不敬。儼若思。安民哉。)"라고 하였다.

90 사특함 없네 : 공자가 말하기를, "시 삼백 편에 한마디의 말로 그 뜻을 단정하면 곧 생각에 사특함이 없다.(詩三百。一言而蔽之。曰思無邪。)"라고 하였다.

91 화이華夷 : 중국과 오랑캐를 가리키는 말이다. 여기에서는 유교와 불교를 가리킨다.

92 쌀을 진 일 : 부미負米의 효성. 공자의 제자 자로子路가 "내가 옛날에 어버이를 모시고 있을 때 집이 가난했기 때문에, 나는 되는 대로 거친 음식을 먹는다 하더라도 어버이를 위해서는 백 리 밖에서 쌀을 등에 지고 오곤 하였다.(爲親負米百里之外) 그러나 어버이가 돌아가시고 나서는 내가 높은 벼슬을 하여 솥을 늘어 놓고 진수성찬을 맛보는 신분(列鼎而食)이 되었는데, 다시 거친 음식을 먹으면서 어버이를 위해 쌀을 지고 왔던 그때의 행복을 이제는 느낄 수 없게 되었다."라고 술회한 고사가 있다. 『孔子家語』「致思」.

93 귤 떨어뜨린 일 : 타귤墮橘의 효심. 삼국시대 오吳나라 육적陸績이 여섯 살 때 원술袁術에게서 귤을 선물 받고는 모친에게 드리려고 남몰래 가슴속에 품고 나오다가 땅에

떨어뜨렸다. 『三國志』「陸績傳」.

94 까마귀 부끄럽네 : 자식의 효도를 뜻한다. 반포反哺는 까마귀 새끼가 다 크고 나서 자기 어미에게 먹이를 물어다 먹이는 것을 말한다. 여기에서는 자신은 그렇게 하지 못하여 부끄럽다는 뜻이다.

95 관비부도貫碑浮屠 : 비문과 부도의 스님들 이름만을 엮어서 서술한 시이다.

96 인물가人物歌 : 여기에 실린 인명과 행적은 역자의 역량으로 해석되지 않는 구절이 다수 있다. 눈 밝은 이의 질정을 기다린다.

97 칼날은 여유로웠고 : 기예의 경지가 높아 일 처리를 자유자재로 능란하게 하는 것을 말한다. 『莊子』「養生主」의 "지금 내가 칼을 잡은 지 19년이나 되었고 잡은 소만도 수천 마리를 헤아리는데, 칼날이 지금 숫돌에서 금방 꺼낸 것처럼 시퍼렇기만 하다. 소의 마디와 마디 사이에는 틈이 있는 공간이 있고 칼날은 두께가 없으니, 두께가 없는 것을 그 틈 사이에 밀어 넣으면 그 공간이 널찍하여 칼을 놀릴 적에 반드시 여유가 있게 마련이다.(今臣之刀十九年矣. 所解數千牛矣. 而刀刃若新發於硎. 彼節者有間. 而刀刃者無厚. 以無厚入有間. 恢恢乎其於遊刃. 必有餘地矣.)"라는 '포정해우庖丁解牛'의 이야기에서 비롯된 것이다. 여기에서는 스님의 선기禪機가 뛰어나서 학인을 잘 지도했음을 말한다.

98 사회死灰 : 마음이 죽은 재와 같이 속세의 온갖 욕망이 식었다는 뜻이다. 『莊子』「齊物論」.

99 척령鶺鴒처럼 날아 : 『詩經』「小雅」〈常棣〉에 "척령이 들판에 있으니 형제의 위급과 어려움을 구한다.(脊令在原. 兄弟急難.)"라는 구절이 있다. 여기에서는 두 분이 형제처럼 화락하다는 뜻이다.

100 나루 묻고 : 『論語』「微子」에 "장저와 걸익이 나란히 밭 갈고 있을 때 공자가 지나가다가 자로를 시켜 나루터를 물어보게 하였다.(長沮桀溺. 耦而耕. 孔子過之. 使子路問津焉.)"라는 말이 나온다. 여기에서는 스승에게 가르침을 청한다는 뜻이다.

101 여울 보려 했네 : 『孟子』에 이르기를, "물을 보려면 여울물을 보아야 흐르는 물인지 고여 있는 물인지를 안다."라고 하였다. 여기에서는 사물의 이치를 잘 관찰한다는 뜻이다.

102 유나維那 : 또는 도유나都維那. 절의 사물을 맡고, 모든 일을 지휘하는 소임. 유維는 강유綱維, 나那는 범어 갈마나타羯磨陀那의 준말.

103 삼강三綱 : 절에서 대중을 통솔하여 규칙을 유지하는 세 직책인 상좌上座·사주寺主·도유나. ① 상좌-비구 중에 덕이 있는 이, ② 사주-당탑堂塔을 건조建造·관리하는 사무를 맡은 이, ③ 도유나-절의 규칙을 따라 일상생활의 모든 일을 지도하는 이.

104 열수洌水 : 정약용丁若鏞(1762~1836)을 말한다. 조선 후기 학자 겸 문신. 사실적이며 애국적인 많은 작품을 남겼고, 한국의 역사·지리 등에도 특별한 관심을 보여 주체적

사관을 제시했으며, 합리주의적 과학 정신은 서학을 통해 서양의 과학 지식을 도입하기에 이르렀다. 주요 저서는 『牧民心書』, 『經世遺表』 등이 있다.

105 오임五任 : 다섯 명의 동임洞任(마을의 책임자)인 듯하다.
106 삼성三星 : 세 사람의 별성別星(奉命使臣)인 듯하다.
107 회록回祿 : 불을 일으키는 귀신이다.
108 번풍番風 : 매년 동지에서 다음 해 곡우穀雨까지 8절후節候 동안 각 절후마다 세 번씩 모두 24번 찬바람이 불어오는데 이 바람을 우리말로는 꽃샘바람, 한자어로는 입사번풍卄四番風 또는 화신풍花信風, 화풍花風이라고 한다.
109 각도閣道 : 험한 산의 낭떠러지와 낭떠러지 사이에 다리를 놓듯이 하여 낸 길이다.
110 곡풍谷風 : 동풍. 봄바람을 말한다.
111 낭간琅玕 : 눈(雪)을 말한다.
112 주옥珠玉 : 눈(雪)을 말한다.
113 용미龍尾 : 동방창룡東方蒼龍 7수 중 미尾 별자리를 말한다.
114 상저상모桑苧의 다경茶經 : 뽕과 모시를 심고 가꾸는 것으로, 농사를 뜻하는 말로 쓰인다. 당唐나라 때 은사隱士로, 『茶經』을 지은 육우陸羽의 호가 상저옹桑苧翁이다.
115 옥천玉泉의 다가茶歌 : 당나라의 노동盧仝이 다가를 지어 차의 효능을 극찬했다.
116 금설禽舌 : 차 이름이다.
117 창기槍旗 : 차 이름이다. 창이나 깃발처럼 생긴 차를 말한다.
118 설취舌觜 : 차 이름이다.
119 소룡단小龍團 : 차 이름이다. 용단龍團은 향료와 다엽茶葉을 합쳐 떡처럼 만들었으며 그 떡처럼 된 표면에 용龍과 봉鳳의 문양을 새긴 다식판을 만들어 다져 낸 것인데 그 위에 금빛을 입혀 만든다.
120 조주趙州 늙은이의 말 : 조주 스님은 학인이 무슨 질문을 하든 "차 한잔 마시게.(喫茶去)"라고 하였다.
121 금선金仙 : 『金光明經』에 "여래의 몸은 금색이 미묘하다.(如來之身. 金色微妙.)"라고 하여, 후세에 부처님을 금선이라고 칭하였다.

범해유집 보유
| 梵海遺集補遺 |

두륜산인 각안 환여 지음
頭輪山人 覺岸幻如著

오언절구 五言絶句

완호 조사의 비를 세우다 【무오년(1858, 철종 9) 여름】
立玩虎祖師碑【戊午夏】

기쁘다 오늘 일을 이루니	喜成今日事
완호 조사의 비석이라	玩虎祖師碑
공경히 문중을 위해 축하하니	恭爲門中賀
두 분 주지께서 경영하셨네	經綸兩住持

【호의, 초의 두 선사이다.(縞衣草衣兩禪師)】

느낌이 일어 【경신년(1860, 철종 11) 겨울】
興感【庚申冬】

어제는 세 끼 밥을 먹고	昨日三分食
오늘 새벽은 한 줄기 향	今光一炷香
만일 과라의 일[1] 아니면	若非蜾蠃事
정히 황량의 꿈[2]이로다	正是夢黃粱

강석에서
講席

이 세 치 혀를 놀려	翻此三寸舌
크게 장부들 그르치네	大誤丈夫兒
문득 자신 일 돌이켜 보니	忽憶自家事
흡사 밤과 배 다투는 듯[3]	恰如爭栗梨

원호에 큰 바람이 일다
院湖大風

바람 거세 의관 어지럽고	風蕩衣冠亂
바다 뒤집혀 노가 위태하다	海飜維楫危
아버님 나를 보낸 후에	家君送我後
대단히 염려하셨으리	應作大端疑

병인년의 원망
丙寅怨

절의 운과 이 몸 운수가	寺運兼身數
이제껏 크게 형통치 못해	如今大不通
안개 걷히고 산 적막한데	烟消山又寂
해와 달만 동서로 흐른다	日月自西東

제주 대정군 도원리로 가는 도중에【계유년(1873, 고종 10) 여름】
濟州大靜郡桃源里途中【癸酉夏】

도원에서 소나기를 만나	桃源驟雨逢
의관 젖은 채 마주 앉았다	對坐衣冠濕
옷 간절히 말리고자 하나	雖切燎衣心
마른 나무 어디서 구할까	枯柴何處拾

남원 관왕묘[4]
南原關王廟

의거 일으켜 주선하였고	擧義周旋日
임금 섬겨 절개 바쳤네	奉君效節時
영령이 길이 변치 않아	英精長不變
두 나라 제사를 받드네	兩國亨楢彝

광한루
廣寒樓

용성읍을 지나가다	行過龍城邑
바람결에 광한루에 올랐네	乘風上廣寒
연못 물결에 연잎 어지럽고	潭紋蓮葉亂
벽에는 채묵화 새겨졌네	壁彩墨花刊

가을날 홀로 앉아
秋日獨坐

땔감 옮겨 이슬 젖은 채소 삶아   搬柴煑露菜
발우 하나로 마른 몸 요기한다   一鉢療枯形
대낮에 사립문 닫고 앉아 있으니   白晝掩扉坐
단풍잎이 떨어져 뜰에 가득하다   楓花落滿庭

은해사 백흥암 무흡 상인을 생각하며
憶銀海寺白興庵武洽上人

영남과 호남 천리의 나그네가　　　　　嶺湖千里客
와서 소미의 책[5]을 물었네　　　　　　來叩少微書
가서 백흥암 주인이 되거든　　　　　　去作白興主
이곳의 나를 생각해 주게나　　　　　　應思此地予

완도 원동에서 묵다
宿莞島院洞

삼경에 바다를 건너서	當三更渡海
피안 이르니 마음 공활해	到彼岸空心
여관에 누워 잠을 청하며	臥旅窓成夢
한잔 술로 마음을 적시네	一杯酒點心

진도군 조도【경진년(1880, 고종 17) 여름】
珍島郡鳥島【庚辰夏】

만경창파 끝없이 넓은데	萬頃無涯上
연파 위에 물새만 두둥실	烟波水鳥浮
구름 흐르는 곳 돌아보니	雲歸回首望
어디가 나의 고향인고	何處是吾州

옥도
玉島

어찌 옥도라 이름했나　　　　　　如何名玉島
옥 글자 자연히 돼서라네　　　　　玉字自然成
어촌 마을 하나 있으니　　　　　　漁戶一村在
강을 둘러 성을 삼았네　　　　　　彎江以爲城

석남도
石南島

절벽에 인도가 없어	絶壁無人道
물길로 석남을 다니네	船通水石南
한 마을 수십 가구에	一村數十戶
세 개 성씨 모여 사네	族姓但居三

가을 목단【일명 당국화】
秋牧丹【一名唐菊花】

홍색 자주색 흰색 꽃 피어	開花紅紫白
맺힌 이슬 햇빛에 영롱하다	浥露向陽團
풍상의 괴로움 잘 견디어	能耐風霜苦
이름이 가을 목단이라네	名稱秋牧丹

장미 풀
蘠草

이슬이 서리로 변하는 계절	白露爲霜節
담장에 장미 풀 피어났구나	垣頭蘠艸生
겨울 지내고 봄도 지나니	過冬春亦謝
늦여름 한 척 줄기 붉구나	季夏尺莖赬

황귤
黃橘

가시 더미 속에 열매 맺어	刺棘叢中實
서리 견디고 알알이 노랗다	傲霜箇箇黃
회구에선 토지 따라 변하고[6]	淮丘隨土變
양주에선 수레 가득 향기롭네[7]	楊野滿車香

선암사 『대각국사집』을 보고 나서 【임오년(1882, 고종 19)】
閱仙巖寺大覺國師集【壬午年】

왕위 마다하고 승통을 행하여	讓位行僧統
중국 찾아가 교문 청했네	朝皇請敎文
돌아와 조사의 심인 전하니	歸來傳祖印
이로부터 진리의 문[8] 열렸네	自此重玄門

술회 회문[9]
述懷回文

부처는 참으로 옛 진불이니	佛眞古眞佛
세상에 와서 오래 머무르셨네	來住久住來
발우 비어 빈 발우로 공양 받고	鉢空飯空鉢
주려서 돌아오니 배는 고파 오네	回飢腹飢回

오언율시
五言律

허만택에게 주다【완도 당인리에 거주하다. 을묘년(1855, 철종 6) 겨울】
贈許萬澤【居莞島塘仁里。乙卯冬。】

나를 장춘동으로 방문하여	訪我長春洞
반나절 한가히 노닐었네	優遊半日閒
재주와 명성 독보적인데	才名稱獨步
나이는 여러 동료보다 적구나	年次小諸班
말을 삼가는 금인[10]을 사모하고	愼口金人慕
속히 이룸은 궐당의 동자[11] 견주네	速成闕黨看
삼가의 학문이 같은 도리이니	三家同一道
피차를 분간하지 말지어다	彼此莫分間

침계루
枕溪樓

대웅전을 압도하듯 우뚝하나	壓鎭大雄殿
화려한 빛은 예만 못하구나	光華不古時
탑은 안개 낀 푸른 벽에 높고	塔高烟翠壁
누각은 달빛 연못에 어리네	樓泛月明池
산색은 구름 걷혀 더욱 밝고	山色雲收顯
시내 소리는 비가 개자 울린다	溪聲雨霽隨
제천에서 항상 음악 연주하니	諸天長奏樂
새들은 높은 가지에서 춤춘다	百鳥舞高枝

송광사 임경당【을해년(1875, 고종 12)】
松廣寺臨鏡堂【乙亥年】

나 홀로 삼청각에 올라서	獨上三汪[1]閣
우화한 신선을 생각하노라	睠言羽化仙
흰 물고기 시내에 뛰어오르고	白魚溪面躍
꾀꼬리는 골짜기 가로지른다	黃鳥洞心穿
아늑한 곳 지팡이 짚고 서니	杖立圈中地
속세 밖 하늘에 종소리 퍼지네	鐘鳴物外天
은근한 심사 아직 남아 있어	慇懃心事在
다시 왔으나 초연하지 못하네	重到未超然

---

1) 匉 '汪'은 '淸'의 오기인 듯하다.

초의의 차 【무인년(1878, 고종 15)】
草衣茶 【戊寅年】

처음 맑게 갠 곡우 날에	穀雨初晴日
노란 찻잎은 열지 않았네	黃芽葉未開
빈 솥에 정성껏 가려 볶아	空鐺精炒出
밀실에서 잘 말렸다	密室好乾來
백두[12]로 방원의 인 찍고	栢斗方圓印
대 껍질로 싸서 마름하네	竹皮苞裹裁
잘 간직해 바깥 기운 막으니	嚴藏防外氣
한 사발에 향기가 가득하다	一椀滿香回

학잠 십운
學箴十韻

심신을 청정하게 다스리고 나서	淨理身心已
책을 펴고 바르게 앉아 읽으라	展書端坐看
스승의 말씀 공손히 따르고	恭從函丈語
부모의 낯빛 공경히 순응하라	敬順父王顏
친구 간에 서로 덕 이루어 주고	朋友相成德
형제는 함께 어려움을 구하라	弟兄共救難
좋은 술은 몸을 망치는 도끼요	好酒伐身斧
한담은 성품을 없애는 탄환이다	閒談滅性彈
높은 분 만나면 피해 양보하고	逢尊回避讓
약한 자 가련히 여겨 편안케 하라	見弱哀憐安
손과 발은 항상 정결하게 하며	手足常精白
의상은 늘 단정하게 해야 한다	衣裳每正端
길이 부귀함을 추구하지 말며	無求長富貴
조금도 춥고 가난함 한하지 말라	莫恨小貧寒
공자와 맹자 조석으로 본받고	孔孟晨昏效
충효를 언제나 기쁘게 행하라	孝忠緩急歡
귀신은 정성과 외경으로 섬기고	事神勤且畏
덕은 넓고 관대하게 닦으라	修德廣而寬
이와 같이 시종일관한다면	如是終如始
어찌 초야의 양반 아니겠는가	豈非野草班

남대의 가을 풍경
南臺秋觀

남대의 풍광 좋기도 하여	南臺烟景好
홀로 앉아도 맑게 노닌다	獨坐亦淸遊
산성은 위아래로 둘러 있고	山郭高低匝
돌 시내는 좌우로 흐른다	石溪左右流
가벼운 바람 붉은 잎 지고	風輕紅葉落
골 넓어 흰 구름 쉬어 간다	洞闊白雲休
한 번 바라보고 마음 편해져	一望神機懶
지팡이로 산마루 내려온다	鳴筇下椒丘

하태도의 윤성문을 보내며
送下台島尹成文

깊어 가는 가을 사람도 늙는데	秋深人亦老
서로 마주하니 더욱 다정하다	相對更多情
천상에서 상서로운 기린 내려왔고	天上祥麟落
인간 세상에 봉황이 태어났네	人間威鳳生
스승 구해 잘못 절에 들어왔다가	求師誤入寺
지팡이 돌려 길 떠나니 기쁘구나	反杖喜登程
강산 멀리 있다 한하지 말지어다	莫恨江山隔
오주에도 저녁달이 밝을 터이니	吳州夜月明

석왕사로 돌아가는 순성 상인을 보내며
贈順成上人歸釋王寺

진리의 말씀 많이 듣고서	多聞第一義
수순하여 자연히 성취하였네	隨順自然成
명산을 편력하며 터득하고	徧歷名山得
좋은 벗 참방하여 밝혔네	行叅善友明
진흙을 밟아도 발은 하얗고	足踏淤泥白
시문을 보면 눈이 푸르구나	眼過翰墨靑
하늘 아래 남북은 다르지만	一天南北異
모두 한 울타리 한 가족이라	盡是一門庭

저녁에 돌아오다
暮歸

험한 길 자주 오르내리니	險路頻陞降
노년이 도리어 한가하지 않네	衰年却不閒
무심한 구름 산에서 피어나고	無心雲出出
뜻 얻은 새는 둥지로 돌아간다	得意鳥巢還
지팡이 놓고 숲 아래서 쉬고	植杖休林下
연꽃 옷으로 돌 사이를 거닌다	荷衣步石間
산과 들을 두루 노닐고 나서	周遊山野盡
저녁에 숲의 옛집으로 향하노라	暮向舊林關

건제체[13]
建除體

덕을 세워 이름을 떨친 이	建德立名者
생각하면 세상에 드물구나	言念世所稀
인간 세상의 일 다 물리치고	除却人間事
바위 아래 암자에 깃들었네	幽棲巖下扉
세고 약한 불을 지피며	滿載文武火
차를 달여 주린 속 달랜다	煎茶自慰饑
평소에 홀로 앉고 누우니	平日獨坐臥
무엇이 허망한 마음 건들랴	何物觸幻機
정 공은 나의 꿈을 깨우고	定公罷我夢
가끔 얘기 나누고 돌아가네	時來做話歸
종이와 먹물에만 집착하여	執着紙墨上
헛되이 세월을 보냈구나	虛消日月輝
해진 납의로 몸뚱이 가리니	破衲掩體上
하늘 바람이 불어 스치네	天風吹拂揮
위험한 길 이미 물러앉으니	危途已自退
귀에는 시비의 소리 끊겼네	耳門絶是非
성패도 마음 쓰지 않으니	成敗不關心
이해소차 어찌 어기겠는가	利害何相違
보는 것 거두어 마음에 두니	收視在心內
근진이 다시 기댈 곳 없도다	根塵更無依
눈 뜨면 세계가 확연히 드러나	開眼世界廓
기상이 참으로 높고 높기만	氣象正高巍
문을 닫으니 다른 일은 없고	閉門無餘事
백운만 시절 따라 자욱하네	白雲任騰圍

팔음체[14]
八音體

금의 성품 강하고 부드러우니	金性剛且柔
적이 나의 처신에 견줄지라	竊譬吾行身
돌 가운데도 또한 옥이 있으니	石中亦有玉
정신도 그와 같기를 바라노라	聊望此精神
실을 슬퍼함[15] 훈계로 삼고	絲悲用爲戒
기로의 통곡[16] 보배로 받들지니	岐哭奉如珍
대 마디가 칼날 맞아 풀어지듯	竹節迎刃解
법륜을 굴리길 원하노라	我願轉法輪
걸린 박처럼 먹지 못하면[17]	匏繫如不食
대인도 응당 가난하게 되리	大人應見貧
사는 곳 산과 들이 다르지만	土有山野異
인자 친하고 이웃 사랑하기를	親仁亦善隣
가죽 북을 다투어 울리니	革鼓爭鳴久
현고의 꿈이 곧바로 이르리라[18]	懸夢朝暮臻
나무와 불은 함께하지 못하니	木火不相期
만나면 모름지기 재가 되리라	會須有成焚

영산홍
映山紅

햇살 고요한 작은 뜰에	日暖小園靜
한 무더기 활짝 피었구나	一叢爛熳開
온갖 화초도 빛을 잃고	森羅失色去
만물의 모습도 바뀌었네	萬像變形來
붉은 시내 언덕에 누우니	人臥紅流岸
달은 비단 누대에 밝구나	月明錦舖臺
성대한 빛 허공에 서려서	盛光盤空界
벌과 나비도 돌아가질 않누나	蜂蝶不飛回

목단화
牧丹花

목단화 서너 그루	牧丹三四本
소만에 다투어 피었네	小滿共爭開
대낮엔 햇볕 흠뻑 받고	白日向陽鐩
맑은 밤엔 이슬에 젖는다	淸宵承露杯
향기로운 바람 코에 스미고	香風來觸鼻
여린 자태 붉은 뺨 비치네	嫩態照紅腮
부귀한 모습 이와 같으니	富貴當如此
참으로 꽃 중의 왕이로다	稱王豈不嵬

옥매화
玉梅花

눈의 무거움을 이기지 못해	雪着不勝重
가벼운 바람에 낮게 숙였네	風輕俯仰低
구름 속 이슬 머금어 잠들고	雲騰含露宿
부서지는 옥빛 서리에 깃든다	玉碎爲霜棲
땅에 지니 오나라 소금[19] 같고	落地吳鹽似
허공 날리니 장주의 나비[20]인 듯	飛空周蝶齊
달이 밝아 별이 숨은 밤에	月明星隱夜
백화 사이에 서서 헤매노라	踔立百花迷

저녁 새가 울다
夜鳥鳴

맑은 저녁 책상에 기대앉으니	淸宵倚案坐
온갖 새들 다정히 지저귄다	百鳥盡情吟
정소는 풍년 들 조짐이요	鼎小年豊兆
군위는 세상 어지러움 닥칠 뜻	軍威世亂侵
화호는 밤이 짧아짐 나타내고	畫胡呈夜短
목독은 밤이 깊어 감을 알리네	牧犢戒夏深
올해 초여름뿐만 아니라	非但今初夏
시절 따라 노래를 불러 준다	隨時奏節音

【정소, 군위, 화호, 목독은 모두 새 이름이다.(鼎小軍威畫胡牧犢。皆鳥名也。)】

만일암 【병술년(1886, 고종 23)】
挽日庵【丙戌年】

나의 마음 고요히 하고자	爲靜自心地
만일암에 오래도록 머물렀네	遲留挽日菴
베옷으로 늙은 몸을 가리고	布衫遮老骨
차와 약초로 쇠잔한 병 씻는다	茶藥洗殘痰
맑은 바다 예나 지금이나 같고	海鏡古今一
이웃은 남과 북에 서너 집뿐	居隣南北三
높은 벗 찾아와 여름 결제하니	高朋來結夏
사는 일이 비로소 달콤하구나	活計最初甘

다시 보운각에 들어와 【무자년(1888, 고종 25) 봄】
再入寶運閣【戊子春】

다시 보운각에 들어오니	再入寶運閣
어느덧 19년 세월 흘렀네	騁過十九春
시절은 예전 그대로인데	光陰依舊在
물색은 이제 티끌 되었네	物色到今塵
대숲은 손님 기쁘게 맞고	竹樹迎人喜
향 등은 늙은이 보고 깜박인다	香燈見老嚬
차 화로 지피고 온돌에 앉으니	茶爐溫堗坐
누가 살림 가난하다 하는가	誰謂我家貧

고운 체
題眞箊

성벽 높으니 도적 들기 어렵고	城高難入賊
그물 촘촘하여 고기 놓치지 않네	綱密未亡魚
신혼집엔 거른 술이 넉넉하고	酒雨婚家足
제각에 흰 서리가 가득하네	粉霜祭閣餘
개미들은 한없이 오고 가고	蟻王無限走
생쥐는 단것 갉으며 거처하네	鼷子蝕甘居
벽에 걸려 있다 바람에 떨어지면	掛壁風吹落
전차 바퀴처럼 굴러가누나	轉輪似戰車

보길도의 서암 【경인년(1890, 고종 27)】
甫吉島書巖【庚寅年】

배를 타고 서암 아래 지나니	舟過書岩下
강물은 양안 사이로 흐른다	江流兩岸中
한마디의 말 크지 않은 죄로	一言罪不大
세 번 쫓겨나도[21] 도는 무궁하다	三黜道無窮
돌에 오늘날의 일을 새기고	石刻今朝事
시는 옛 국풍[22]을 노래하였네	詩吹古國風
사람들 모두 이목 갖추었으니	人皆具耳目
송나라 문충공[23]을 보고 들으리	聞見宋文忠

칠언절구
七言絶句

『사기』를 읽고
讀史紀

창 앞에서 독서하니 해도 어느덧 지고　　　窓前讀誦日光催
등불 아래 글 뜻 헤아리니 꿈에서 돌아온 듯　燈下溫尋夢境回
한나라와 당나라 모두 붕당으로 망했으니　　漢宋皆亡朋黨事
시대의 임금은 그 유래를 거울삼아야 할 터　時君自鑑所從來

수로왕릉을 지나며 【갑진년(1844, 헌종 10) 여름】
過首露王陵【甲辰夏】

가락의 옛 도읍 바닷가에 자리하여	駕洛古都在海頭
변한의 계통을 이은 지 몇 해인가	卞韓係立幾春秋
당년의 웅장하고 화려함 어데 가고	當年壯麗歸何處
다만 숲과 흙 언덕만 남아 있네	惟有平林土一丘

통도사 자장굴의 금개구리[24]
通度寺慈藏窟金蛙

금개구리 천년의 옛 자취	千年古跡金蛙子
높은 벼랑 돌구멍에 거주했네	百尺懸崖石孔居
출입에 때 없어 참으로 괴물이니	出入無時眞恠物
자장 법사는 가셨으나 법력은 남았다네	慈藏法力死堪餘

칠석
七夕

고요하고 깊은 밤 침석에서 일어나니	夜靜夐深枕席開
가을바람 한 줄기 뜰에 불어온다	金風一陣半庭來
귀뚜라미 소리가 여인의 꿈 깨우는데	促織鳴驚嬾婦夢
견우성은 오작교 향하여 가는구나	牽牛星向鵲橋回

어부
漁父

가랑비 걷히자 일엽편주 둥실 띄워	踈雨霽天一葉舟
안개 어린 달빛 물결 낚시를 드리우네	菱波烟月直垂鉤
고기는 물지 않고 강바람만 일어나	魚兒不食江風起
뱃노래 부르며 언덕에 닿아 쉬네	欸乃一聲到岸休

【애내는 뱃노래이다. 음은 애내이다.(欸乃棹歌。音이닉。)】

두륜봉
頭輪峰

해남에 만 길 산 우뚝 솟아	特有海南萬仞山
먼 산들 별처럼 둘러 앉았네	星羅遠岳爭來環
고고히 푸른 허공에 바로 서서	孤高直透靑空立
방장산 봉래산과 백중을 이룬다	方丈蓬萊伯仲間

바람을 쓰다
題風

한나라 군대는 얼굴 가리고 수수에 빠지고[25]	漢軍掩面赴濉水
당나라 도적은 무기 버리고 업성을 달아났네[26]	唐賊投兵潰鄴城
원한의 구름은 항상 신안읍[27]에 뻗쳐 있으니	怨雲長亘新安邑
패풍[28]에서 일어나 한나라의 태평 이루었네	起自沛豐漢月明

우물의 물고기
井魚

비단빛 북이 되어 이리저리 유영하고   錦作梭兮織水遊
다시 옥빛 자가 되어 저절로 부침한다   又爲玉尺自沈浮
이미 태호씨[29]가 그물 엮음 알았으니   已知太昊結綱罟
태공[30]의 곧은 낚싯바늘이 두려우랴   豈怯太公垂直鉤

김여종을 조롱하다 【해남에 거주한다.】
嘲金汝鍾 【居海南】

강산을 편력하다 부처님 세계 이르러	徧歷江山到佛天
한가히 수석 보며 구름 가 산보하네	閒看水石步雲邊
참으로 부춘에 은둔한 일[31] 사모하여	偏慕富春遁世事
잔나비와 학 이웃 삼아 산에서 잠든다	共隣猿鶴枕山眠

태평화 【기유년(1849, 헌종 15)】
太平花【己酉年】

노란 꽃봉오리 붉은 연꽃 쪼니	未開黃鴨啄江蓮
바람 자고 맑은 향기 골에 가득	風靜淸香滿洞天
이제 성군께서 일월처럼 밝으시니	現代聖君明日月
태평 소식이 산천을 진동하누나	太平消息動山川

봉선화
鳳仙花

뜰에 몇 떨기 심어 놓았더니	庭心已種數三叢
따스한 날 희고 붉은 꽃 피었네	暖日嫩開白與紅
봉황이 걸을 때 벼슬과 유사하고	鳳凰步處冠冠似
가지에 붙은 호접 날개와 같구나	蝴蝶連枝翅翅同

금낭화
錦囊花

잎은 목단과 형제 사이요　　　　　葉與牧丹兄弟是
꽃은 봉황 머리와 비슷해　　　　　花同鳳首自他非
금낭화 푸른 시렁 만개하니　　　　錦囊滿掛靑龍架
대낮에도 나비들이 붐비네　　　　蜂蝶日中爲市歸

청허집【신해년(1851, 철종 2)】
淸虛集【辛亥年】

봉성의 길 정오의 닭 소리에 깨쳐	鳳城路覺午雞音
임금의 책상에 묵죽시 바쳤네[32]	龍榻敢呈墨竹吟
강산의 한없는 풍경을 다 쓰셨으니	用盡江山無限景
천견으로 높고 깊음 헤아리기 어렵네	難將淺見辨高深

간신론
諫臣論

간의대부 때를 기다리며 입을 닫으니	諫議待時禁自口
문공이 세상 격려하려 남의 허물 드러냈네	文公勵世彰人咎
알괘라 당나라의 간신론[33]은	吾知唐代諫臣論
고금의 무위도식하는 자 책망코자	遠責古今尸位友

『가어』에서 실궁 이야기[34]를 보고
見家語失弓

초왕은 다만 초인의 활이라 말했건만	楚王但謂楚人弓
공자는 천하 사람의 활이라 불렀네	魯聖命云天下弓
몽염[35]은 산동의 무력을 오래 잡았건만	蒙恬久執山東武
차마 분서[36]를 보고도 활을 쓰지 않았네	忍見焚書不用弓

집닭【임자년(1852, 철종 3)】
家鷄【壬子年】

천오³⁷의 울음 그치고 태양이 밝은데	天烏啼罷日輪光
가을 달 어느 산에서 초향을 원망하나³⁸	秋月何山怨楚鄕
관문의 법이 엄해 닭 소리에 길손을 보내니	關法至嚴鳴客出
맹상군³⁹이 이를 짝하여 관문 열고 떠났네	孟嘗伴此關門行

산 꿩
山雉

매가 두려워 푸른 산그늘 출몰하니	畏鷹出沒碧山陰
오색의 깃털은 닭과 비슷하구나	五色羽化似翰音
우연히 솥 위에서 한 번 길게 울어[40]	偶然鼎上一聲雛
무정[41]의 도심을 일으켜 주었네	能令武丁發道心

주장자
拄杖子

한가히 벽에 걸려 쓸모없는 듯	等閒掛壁如無用
게다가 먼지에 덮여 세월은 깊었다	又況埋塵歲月深
개당하여 보설[42]하는 날 되면	若得開堂普說日
편정[43]을 종횡으로 구사하리라	縱橫偏正復昇沈

동리사 필연 상인을 이별하며 【기유년(1849, 헌종 15) 봄】
別桐裏寺弼演上人【己酉春】

동리사의 봄날에 우연히 만나	邂逅相逢桐裏春
한 잔 술 마시고 다시 나그네 되었네	一杯還作路中人
동정 간에 모두 분별의 뜻 일어나니	動靜皆生分別意
세상일로 마음에 티끌 일으키지 말라	莫將世事起心塵

만일암 잡영 [4수]
挽日庵雜咏【四首】

[1]
응원 화상이 나의 뜻 움직여　　　　　和尙應元移我志
금년 4월부터 빈 암자 지켰네　　　　　今年四月守空庵
마음이 몸에 부려진들 무어 슬프랴⁴⁴　以心形役奚惆悵
달고 씀은 세상의 추이에 맡기나니　　與世推移任苦甘

[2]
서기가 화상의 술을 지니고 와서　　　書記手携和尙酒
창 앞에 수작하며 반 단지 들이켜네　臨軒酬酢半壺傾
흠뻑 취함 사람의 도리가 아니지만　　曾知沈醉非人理
나의 벗 옛정에 보답하기 위함일세　　以待吾徒謝舊情

[3]
봄 한철 지키지 못해 기와가 헐어　　　一春失守瓦成泐
몇 번이나 원앙 되어 날아갈 듯　　　　幾化鴛鴦自欲飛
수선하고 돌아보니 힘만 낭비할 뿐　　改繕回看空費力
곤오의 좋은 솜씨는 어디로 갔나　　　昆吾善巧向何歸
【곤오씨가 처음 기와를 만들었다.(昆吾氏始造瓦)】

[4]
먹는 것도 진미 없고 옷도 한 벌뿐　　食不兼珎衣不重
쌀 주머니 텅 비어 부엌엔 연기 없네　囊無合米竈無烟
삶을 도모하려 5월에 새 곡식 파니⁴⁵　圖生五月糶新穀
절 식구 살림 꾸리기 참으로 어렵구나　百口依持難上天

김내열에게 화답하다 [6수]
和金乃烈【六首】

[1]
시선이 옛 선객의 집을 방문하니　　　　詩仙訪到古禪家
시절은 복더위라 시든 꽃 한스럽네　　　序屬庚炎恨老花
한서[46]를 논란하다 해도 기울어　　　　論難漢書看日側
밝은 달빛에 담소하며 차를 나눈다　　　共談皓月更分茶

[2]
칡베 걸치고 빈산에 누우니　　　　　　身穿葛布臥空山
원숭이와 학 솔바람에 세월이 한가하다　猿鶴松風歲月閒
새는 새끼 이끌어 먹이 먹이고　　　　　鳥引新雛三度哺
구름은 일어 옛길로 돌아온다　　　　　雲興古道一條還

[3]
시정 느끼니 낮잠 이루기 어려워　　　　難成午睡感詩情
홀로 시냇가 매미 소리 즐긴다　　　　　獨樂蜩螗澗底鳴
뜰을 바라보니 참으로 적막한데　　　　出望戶庭深寂寞
비 머금은 구름은 바위 병풍 감싼다　　　天雲雨意鎖巖屛

[4]
종일 인적 없어 항상 문을 닫노니　　　　終日無人長閉門
계단의 꽃은 웃으며 말하는 듯　　　　　階花笑笑欲相言
산 북쪽 궁벽져 더욱 청량한데　　　　　山陰地僻淸凉又
지팡이로 소요하며 채소밭 살핀다　　　一杖逍遙巡菜園

[5]
이별의 정자 돌아보며 늘 그리나니　　　　離亭回首長相思
바닷가 저녁 구름에 애가 끊는구나　　　　海上暮雲腸斷時
온 숲의 가을바람 창밖에 부는데　　　　　萬木秋聲窓外動
발자국 소리에 사립문 더디 닫는다　　　　跫音忽感掩扉遲

[6]
느티나무는 몇 해나 되었는가　　　　　　槐木不知幾甲生
골짜기에 서려 하늘에 닿을 듯　　　　　　雄盤一壑拂天長
안탑이 삼국시대에 세워졌으니　　　　　　想應鴈塔三韓物
아마도 천오백 년은 지났으리라　　　　　閱盡一千五百霜

추분
秋分

하지 후엔 해가 점차 짧아지고	前之夏至日漸短
동지 후엔 해가 점점 길어져	後之冬至日漸長
주야가 고루 나뉜 추분절에	平均晝夜秋分節
감리묘유[47]가 사방을 바로잡는다	坎离卯酉正四方

김운옹 선생께 화답하다 【해남에 거주한다. 계묘년(1843, 헌종 9) 가을】
和金雲翁先生【居海南。癸卯秋。】

명성이 천하에 쟁쟁한 유림의 원로　　　　名聞八域儒林老
지팡이 하나로 반평생 소요하였네　　　　一杖逍遙半世閒
병 가득한 가을 술 삼경에 취하여　　　　滿瓶秋酒三更醉
함께 침상에서 옥산처럼 쓰러지네[48]　　就臥同床頹玉山

원운 附原韻

후각이 선각의 깨달음 깨쳐　　　　後覺覺於先覺覺
신세는 학처럼 한가하구나　　　　一身閒似鶴閒閒
한담 마치고 함께 침상 누우니　　　閒談談罷夜同寐
달은 청천에 구름은 산에 있네　　　月在靑天雲在山

눈길을 가다
雪中行

하늘에 흰 꽃 내려 머리에 쌓이니 　　天雨白花頭上積
때아닌 나비가 향기를 찾누나 　　　非時蝴蝶欲探香
의상은 은빛 갑옷으로 변하여 　　　衣裳變作銀金甲
적을 대하지 않아도 떨며 걷는다 　　不對軍兵股戰行

남미륵암 잡영【3수, 정사년(1857, 철종 8)】
南彌勒雜詠【三首。丁巳。】

[1]
4월의 하늘 다시 빈 암자 들어와　　　　　　再入空庵四月天
문을 여니 난간 앞에 푸른 풀 가득　　　　　開門綠草滿檻前
서로 크게 웃고 주미[49] 흔들며 앉으니　　　相看大笑揮塵坐
몇 마리 산새가 손님을 먼저 맞는다　　　　數箇山禽迎客先

[2]
바위의 미륵 몇 천 년 세월인가　　　　　　巖屛彌勒幾千年
하늘에 우뚝 서서 모습이 원만하네　　　　屹立齊天梵相圓
구름 사이 수많은 세월을 겪어서　　　　　閱盡雲間多歲月
풍우에 깎이고 이끼에 아롱졌네　　　　　　風磨雨打又苔錢

[3]
가을밤 삼경에 달빛이 밝으니　　　　　　　秋夜三更月色明
대천세계가 이처럼 환하구나　　　　　　　大千世界一般明
어찌하면 흉금에 막힘이 없어　　　　　　　安得胷襟無罣碍
우리의 마음까지 모두 밝힐까　　　　　　　吾家經典悉能明

강동의 사정
江東沙亭

강촌을 지나 나루터에 이르니　　　　　行盡江村到渡頭
바람에 흰 물결 언덕엔 배도 없네　　　　風翻白浪岸無舟
사정에서 사흘 묵어 돌아갈 날 아득한데　沙亭三宿歸期杳
한 줄기 연파가 나그네 시름 돋운다　　　一帶烟波惹客愁

꽃 언덕의 잡영 [6수]
花塢雜咏【六首】

[1]
푸른 봄날에 목단화 피어나 　　　　　牧丹花向靑春發
붉은 비단 장막에 푸른 잎 무늬 　　　　紅錦帳中綠葉紋
부귀의 명성 염계50에게 얻었으니 　　　富貴得名濂溪老
세상의 꽃 중에 군왕임을 알겠네 　　　 可知世上是花君

[2]
해바라기 환하게 초여름에 피어나서 　　葵花灼灼夏初開
한 잎 두 잎 피고 지며 노소를 재촉하네　一落一開老少催
아침 해 높이 뜨면 웃음을 머금더니 　　朝日竿頭含口笑
석양빛 뜰에선 고개 숙여 슬퍼하네 　　 夕陽庭際俛首哀

[3]
궁궁 한 이랑을 물 뿌려 기르니 　　　　一畝芎藭澆水養
바람결에 여린 싹 참으로 향기롭네 　　 軟芽風動正芬芳
일찍이 굴원의 의상이 된 후로51 　　　 曾爲屈子衣裳後
천하가 만고의 길상임을 알았노라 　　　天下咸知萬古祥

[4]
여름 산속의 뜰에 태평화 피어나서 　　 太平花發夏山庭
어제는 오리 머리 오늘은 물병인 듯 　　昨似鴨頭今似瓶
완적52의 휘파람에도 일어나지 않으니 　阮嘯長吹聲不起
맑은 향기 젖지만 보아도 모습 없네 　　淸香直觸見無形

[5]
늦가을 국화는 서리와 눈을 경시하니 　　　　菊花晚節傲霜雪
술에 띄워 맑은 향이 차갑게 스민다 　　　　泛酒淸香寒骨徹
잎 지는 가을 산에 초승달 떠오르면 　　　　葉落秋山新月出
울타리 곁에서 도연명을 기다린다 　　　　籬邊可待陶靖節

[6]
하얀 불두화는 부처님 머리 비슷해 　　　　佛頭花白佛頭如
삼계의 제천이 허공에서 보호하네 　　　　三界諸天護碧虛
천지에 달빛 밝고 설악이 삼엄한데 　　　　月朗乾坤森雪岳
바람이 초목에 불어 운거[53]가 움직이네 　　　風吹艸木動雲車

박우곡에게 화답하다 【임술년(1862, 철종 13)】
和朴愚谷【壬戌年】

문단 원로의 발걸음 산사를 찾으니　　　　詞林杖屨訪山堤
가을비 오래 내려 길 또한 질척하다　　　　秋雨支離路亦泥
하룻밤의 맑은 얘기 마치기도 전에　　　　一宿淸談猶未了
삼소의 이별 이루니 꿈만 아득하네　　　　更成三笑夢魂迷

홍해의 객점에서 묵다【무진년(1868, 고종 5)】
宿洪海店【戊辰年】

비바람 무릅쓰며 홍해에 도착하니	逆風冒雨來洪海
길에 행인 끊기고 해도 서쪽에	路斷行人日欲西
나그네 시름 이야기하며 묵으니	說盡客愁因以宿
한단의 베개[54]에서 쌍계사 꿈꾼다	邯鄲枕上夢雙溪

상주의 침산 이 처사에게 주다
贈尙州枕山李處士

자그만 행장에 무엇이 들어 있나	尺布行裝何所有
『금강경』 한 권만이 자신의 보배라	金剛一卷自家珍
방 거사의 사업을 일찍 얻었으니	龐公事業君曾得
아마도 유마의 작은 화신이리라	應是維摩小化身

제주에 들어가다 【계유년(1873, 고종 10)】
入濟州【癸酉年】

일찍 제주의 누대 웅장하다 들었는데	已聞濟域壯樓臺
이제 귀밑머리 다 세어 비로소 왔노라	雪滿雙鬢今始來
성곽은 의연히 옛 고씨의 나라인데	城郭依然高氏國
바람결에 바라보니 한라산 구름 걷히네	臨風一望漢雲開

애월진의 명천에서 목욕하다
浴涯月鎭明泉

애월진 앞의 둥근 돌 축대　　　　涯月鎭前石築團
샘이 솟아 고열을 차게 씻는다　　湧泉苦熱觸身寒
강촌의 티끌을 다 씻고서　　　　洗盡江村塵垢了
옷 털어 입으니 면목이 새롭다　　振衣更着換新顔

대정 산방굴사
大靜山房窟寺

산방굴 속에 예를 올리고 서니	山房窟裡鞠躬立
구유에 가득한 물 옛 절의 자취라	水落盈槽古寺痕
연단에 불상 없다고 이르지 말라	莫道蓮壇無佛像
진신은 원만해 장춘동까지 뻗었으니	眞身圓滿亘長春

금강산 마하연 【갑술년(1874, 고종 11)】
金剛山摩訶衍【甲戌年】

눈길을 헤치고 석양에 돌아오니	行過丈雪夕陽還
높은 대승암 이 산에 우뚝하다	大乘高庵鎭此山
법기의 진신을 친견하고 나서	法起眞身親見了
다시 하룻밤 선지식 참례하였네	更叅知識一宵間

경기도 덕사의 용암 화상
京畿德寺庸庵和尙

수락산 속의 흥국사로	水落山中興國寺
용암을 참배하려 남에서 왔다네	爲叅庸老自南來
자비의 향기 장실에 가득하여	慈悲滿室熏餘地
천 리 길 나그네 두 눈이 뜨이네	千里行人兩眼開

백련사 만경루
白蓮社萬景樓

30년 전 이 누각에 들어와서	三十年前入此樓
주인과 손이 함께 노래하며 놀았지	主賓同會鼓歌遊
이제는 물색이 옛날과 달라서	如今物色非如古
쇠락한 만경루 많은 스님 시름하네	萬景無顔萬德愁

신백파 선생과 함께 북대에 오르다【을해년(1875, 고종 12)】
共申白坡先生登北臺【乙亥年】

비탈진 바윗길을 천천히 거닐며	巖路欹斜欻欻行
올라서 바라보니 만산이 맑구나	登臨俯仰萬峰晴
솔바람은 다투어 무현곡[55] 연주해	松風爭奏無絃曲
신선 수레 멀리 적성[56]으로 인도하네	遙引仙軺向赤城

금도에서 묵다【경진년(1880, 고종 17)】
宿金島【庚辰年】

하늘이 물의 성벽 지어 길이 통하지 않아   天作水城路不通
외딴 마을 고깃배 불만 창에 붉게 비친다   孤村漁火照窓紅
글 읽는 소리 삼경의 침상에 맑게 들리니   誦聲淸落三更枕
이는 정 공[57]의 옛 유풍임을 알겠구나   認是丁公舊遺風

처서날 가뭄 끝에 비가 오다【신사년(1881, 고종 18)】
處暑旱雨【辛巳年】

처서의 서늘한 기운에 비가 반가워	處暑生凉喜雨斜
홀로 매미 듣노라니 계단에 꽃이 진다	聞蟬獨坐落階花
여산의 아름다운 자취[58] 뉘라 이을런가	廬山美跡誰能續
옛 부처님의 집 찾아오는 사람 없구나	不見來遊古佛家

김용에게 보이다
示金龍

해산의 매우[59]에 벗이 찾아와　　　　　海山梅雨故人來
편지를 전하니 낮잠이 깨는구나　　　　遺我尺書午眠開
새들은 꽃잎 물고 문 앞에 지저귀는데　百鳥含花窺戶語
돌 기린[60]은 어인 일로 운대에 모였나　石麟底事聚雲臺

초의 장로가 그린 〈십팔나한도〉에 쓰다 【갑신년(1884, 고종 21)】
題草衣長老畵十八羅漢圖【甲申年】

성문이 아라한과를 증득하시니	聲聞證得阿羅漢
세상 머무는 응공은 큰 복전일세	住世應供大福田
파옹[61]이 지은 게송 천하에 무겁고	坡翁作頌夷華重
초의의 그림은 오랜 세월 전해지리	草衣寫眞歲月傳

『사십이장경』과 『유교경』 2경의 합부에 쓰다
題章敎二經合部

『사십이장경』은 최초에 설하신 것	四十二章說最初
임종 땐 『유교경』으로 앞 수레 경계했네	臨終遺敎戒前車
중간엔 문자 없이 법륜을 굴리시니	中間所轉無文字
필경 일진여로 귀결하는 도리 밝히신 것	畢竟發明歸一如

「사십이장경 과평」에 쓰다
題四十二經科評

불언이란 두 글자 매 장마다 있으니	佛言二字每章存
하나 빠진 이유를 내가 스스로 논하였네	一闕所然我自論
서문과 주를 쓴 이도 말하지 않았고	序氏註家皆不說
편찬한 곳도 빠뜨려 자세하지 못했다	刊場筆落未詳溫

「유교경 과평」에 쓰다
題遺敎經科評

서분 정종분 유통분의 큰 마디 밝혔으니	序正流通大節明
'너희 비구들이여' 수없이 하신 말씀	許多汝等比丘聲
봉산의 주석이 대를 쪼갠 듯 바르니	鳳山註釋端如柝
우리들이 쉽게 이해하도록 과평하셨네	務使吾人易解評

「경책문 과평」에 쓰다
題警策文科評

중생을 굽어살피니 잘못과 환난 많아	俯視群生過患多
훈계를 드리워 절차탁마하게 하셨네	流垂戒訓切磋磨
사람들은 문장의 구절에만 골몰하니	人皆汩沒文章句
그릇됨 깨닫지 못하고 과판[62]하였네	不覺心非自判科

『삼경 합부 과기』 회향
三經合部科記回向

『사십이장경』『유교경』『경책문』의 세 책자를	章經遺教策兼三
과판하고 평론하여 난해구 따라 논의했네	科判評論隨難談
원컨대 공덕의 구름이 법우를 일으켜	願此功雲興法雨
중생들의 괴로움이 기쁨으로 되기를	能令衆苦一時甘

허소치 〈괴석도〉에 쓰다【병술년(1886, 고종 23)】
題許小痴恠石圖【丙戌年】

소치 늙은이 붓끝에 괴석이 생기니   痴老筆端生怪石
무슨 조화 있어 형태가 이리 많은가   有何造化物形多
만일 하늘 높은 수미탑이 아니라면   若非太上須彌塔
정히 숭산 달마의 진영이리라   正是嵩山影達摩

금월 화상을 애도하다 【무자년(1888, 고종 25)】
挽錦月和尙【戊子年】

가을 달빛 같은 정신 어디로 가셨나	秋月精神何處歸
산중에 원로 스님 이제는 드물겠네	山中老德自今稀
홀로 영단에 서서 예를 마치고 나니	獨立靈壇呈禮罷
이승과 저승 영원한 이별에 눈물 적시네	幽明永隔淚沾衣

남파 화상을 애도하다
挽南坡和尙

한마을에 태어나고 자란 죽마고우	一里居生竹馬朋
선방에서 함께 생활한 흰 눈썹 스님	同房井臼鵠眉僧
오늘 스스로 장춘의 꿈에서 깨어나니	今朝自覺長春夢
우습다 바람 타고 나는 북해의 붕새[63]여	可笑扶搖北海鵬

장남사에게 화답하다
和張藍史

시인의 발걸음 초여름에 찾아 주니	詞林杖屨夏初尋
가만히 그리웠던 마음을 얘기한다	說盡從來暗想心
뜰의 꽃 마주 보며 해 그림자 옮기니	共對庭花移日影
동산 백련사의 옛정이 깊기만 하다	東山蓮社舊情深

원운 附原韻

정오가 되어 비로소 찾아와	日當半午始來尋
차 마시며 한 조각 마음 얘기한다	茶罷相論一片心
세상의 겪은 일 자세히 묻노니	詳問人間經歷事
푸른 시내와 흰 구름만 깊도다	但知碧水白雲深

재윤 사미에게 사위의[64]의 송을 주다
贈在允沙彌四威儀頌

[1]
이 사찰에 왕복하며 오갈 적에　　　　　行此金田往復時
선현이 행한 여러 자취 생각하라　　　　先賢所履險夷思
조석으로 향화 사르며 정진하여　　　　　晨香夕火勤精進
극념의 공부[65] 한 번에 마칠지니　　　　克念工夫盡一期

[2]
인간 세상에 머무름 순식간이라　　　　　住此人間過隙駒
무상한 생로병사 피하기 어렵도다　　　　無常老病正難逋
주름살[66]은 약으로도 고칠 수 없고　　　河皺無由醫藥救
아침의 꽃도 저녁에 지니 애닯도다　　　　朝花暮落可嗚呼

[3]
포단에 앉아 수행한 지 몇 해인가　　　　坐此蒲團問幾年
시간은 예나 지금이나 쉼 없구나　　　　　光陰不住古今然
거친 밥 콩나물국으로 안신처 찾아　　　　喫糝啜菽安身處
저 선현 우러러 본래 성품 지키라　　　　望彼先賢守性天

[4]
이 산방에 누워 만사를 그치니　　　　　臥此山房萬事休
종전에 지은 일 모두가 시름일세　　　　從前所作盡成愁
차가운 바람은 청산의 꿈 일으키고　　　　寒風吹起靑山夢
정상의 흰 구름 가을을 알리도다　　　　頂上白雲咽萬秋

영산홍과 생지황의 빠진 구절을 채우다[족의 음은 주이다. 첫 구는 김하서[67]가 지었고 다음 구절은 윤고산[68]이 화답했다.]
足映山紅生地黃落句【足音注。頭句金河西作。次句尹孤山和。】

영산홍은 석양 가운데 비치고	映山紅映斜陽裏
생지황은 가랑비에 싹이 트네	生地黃生細雨中
고금에 한 구절 덧붙이는 이 없어	今古無人加一韻
산승이 자의로 빈 곳을 채운다네	山僧自意補其空

경상도 진해를 지나며
過慶尙鎭海

이곳은 나의 계파가 나뉜 곳	斯吾派系分宗地
강진에 흩어져 서너 세대 지났네	散落康津三四世
최씨의 집안은 어디인가 물으니	借問崔家何處居
늙은 농부 저 먼 마을 가리키네	老農遙指那邊里

하동 칠불암
河東七佛菴

칠불암 와서 보니 칠불은 없고	七佛來看無七佛
신라의 왕자만 신선이 되었네	新羅王子化神仙
흥망의 미더운 자취 뉘라 말할까	興亡信跡何人說
아자방 묵좌하여 옛 인연 헤아리네	默坐亞房證舊緣

은진 관촉사
恩津觀燭

반야의 밝은 산 천지를 진동하니	般若明山天地動
기암이 이 산중에 용출하였네	奇巖踊出此山中
명공의 법안으로 미륵불 조각하니	明公法眼雕成佛
장대하고 영통함이 해동의 으뜸이라	壯大靈通鎭海東

능주 운주동
綾州運舟洞

일행[69]이 점지하여 삼천 곳 비보하고	一行打點補三千
연기 선사[70] 공덕 이루어 오백 년을 도왔네	烟起成功裨五百
약사전 아래 시내는 덧없이 흐르는데	藥師殿下水空流
불탑은 어느 해에 혈맥을 조절하였나	佛塔何年調血脉

【일행은 중국의 선사이고, 연기는 조선의 선사이다.(一行支那禪師。烟起朝鮮禪師。)】

두륜산월가 【정미년(1847, 헌종 13)】
頭輪山月歌【丁未年】

두륜산 달이 하늘 가운데 이르니	頭輪山月到中天
신선세계가 학림에 이어져 있구나	壺裏乾坤鶴樹連
뭇 봉우리는 구름 밖에 우뚝 솟고	矗矗群峯雲外揷
흐르는 두 시내 돌 사이 떨어지네	涓涓雙澗石間懸
서창에 밝아 등불의 빛을 더하고	書牕明白燈添色
길손 침상에 또렷해 잠 못 드나니	客枕圓盈眼小眠
가을밤 빈 뜰에 인적도 고요한데	秋夜空庭人語寂
누가 옥거울을 맑은 샘에 드리웠나	誰持玉鏡下淸泉

진도의 봉화대
珎島峯火

멀고 먼 바닷가 저녁 구름 가운데	沼沼海上暮雲中
둥근 불덩이 한 개가 허공을 맴도네	一穗火輪轉半空
벽파진에 지는 그림자는 하백[71]의 빛	影落碧波河伯電
첨찰산에 빗긴 연기는 우사[72]의 무지개	烟橫尖察雨師虹
명량의 승전 소식은 천추에 전해지고	鳴梁消息千秋報
충무공의 정신은 만리에 통하나니	忠武精神萬里通
여귀산과 일성산이 전후로 떨어져 있어	女鬼日城前後隔
세 방향에 우뚝 솟아 큰 공[73]을 이루었네	三方並峙奏膚公

【벽파는 나루 이름이고 첨찰은 산 이름이다. 명량은 포구 이름이고 여귀와 일성은 모두 산 이름이다.(碧波津名。尖察山名。鳴梁浦名。女鬼日城俱山名。)】

훤초[74]【일명 의남, 또는 망우초라고도 한다.】
萱草【一名宜男。一名忘憂。】

미풍이 불어와 북당의 봄 깨우니	微風吹動北堂春
만물이 모두 비와 이슬의 은혜 입는다	萬物渾蒙雨露恩
옥빛 줄기 하늘 기대 정렬이 예스럽고	玉股倚天貞烈古
비단 관을 땅에 드리워 덕용이 새롭다	錦冠投地德容新
집에 걸면 문득 아들 원하는 줄 깨닫고	佩家便覺宜男子
심으면 근심 잊으려는 사람임을 알겠네	種處已知忘憂人
무더기 이룬 범상한 풀과 견주지 말라	莫道叢中凡草例
허공에 곧게 솟아 고고하여 짝이 없구나	凌空自直逈無隣

도갑사 대운 상인을 보내며
送道岬寺大雲上人

오늘 월출산으로 그댈 보내니　　　今日送君月出山
눈바람 불어 흰 옷이 차갑구나　　　雪風吹起白衣寒
가슴엔 진궁의 석 달 불길이 타고[75]　胸燃三月秦宮火
눈은 한무제의 사수전[76]을 보는 듯　眼見四銖漢帝錢
서로 갈리어 남과 북으로 향하니　　破鏡一聲南北向
몇 잔 술 들고서 가고 머무름 나뉜다　傾杯數行去留分
집에 가면 왕손의 일[77] 본받지 말라　歸家莫效王孫事
뜰에 꽃 피면 기러기 높이 날리라　　花發庭心鴈尺天

장흥 보림사 [신해년(1851, 철종 2)]
長興寶林寺【辛亥年】

스승 찾는 첫걸음 뜻 먼저 기울고	尋師初步意先傾
넓고 한가한 골짜기에 눈이 놀란다	洞府寬閒使眼驚
대적전과 대웅전은 신구의 호칭이요	大寂大雄新舊號
시내 남쪽과 북쪽은 빈주의 형세로다	溪南溪北主賓形
용왕은 꼬리 들어 꿈틀대며 달리고	龍王擧尾蜿蜒走
사자는 고개를 낮추어 포효하는 소리	獅子低頭哮吼聲
차가운 샘물 배불리 마시고 묵으니	飽喫洌泉因向宿
정신이 맑아 꿈도 이루기 어렵구나	精神膠霩夢難成

두륜산의 비전
頭輪山碑殿

나라의 명현들을 참배하였느냐　　　　　　一國名賢叅也否
한번 구곡동의 부도를 볼지어다　　　　　　試看九曲洞浮圖
비석에 새긴 글 천년을 돌아보고　　　　　　龜碑載籍千秋顧
곡탑은 구슬 품고 만년을 깎였다　　　　　　鵠塔胎珠萬歲癰
땅에 우뚝 서니 금갑 이끄는 장수요　　　　立地摠將金甲帥
하늘을 떠받치니 옥형[78]의 지도리　　　　擎天主宰玉衡樞
서산 대사의 좌우 이끼 낀 비석들이　　　　西山左右苔衣石
동방의 어리석은 젊은이들 교화한다　　　　打化東方子弟愚

진도 김용은을 보내다 【갑인년(1854, 철종 5)】
送珍島金龍殷【甲寅年】

영호남 학문의 바다에 노닐더니	魚遊學海嶺湖南
사랑스럽게도 옛 불전 찾아왔네	可愛來尋古佛龕
강연이 끝나자 빼어난 시구 읊고	一榻講終吟傑句
삼시에 차 마시며 현담을 나누네	三時茶罷做玄談
입춘 시절부터 입추에 이르기까지	立春節至立秋節
미륵암에서 만일암을 오고 갔다네	彌勒菴從挽日菴
귀목[79]의 정회 다시 얻기 어려워	龜木情懷難再得
새벽별처럼 헤어지니 마음 아득키만	星辰曉散戛昏森

삼가 만일암 초의 선사 운을 차하다 【을묘년(1855, 철종 6) 여름】

謹次挽日庵艸衣師韻【乙卯夏】

4월의 외로운 암자 홀로 가 보니	四月孤庵獨自行
먼지 덮인 옛 기문에 느끼는 마음	埋塵古記感人情
꽃은 뿌리 의지해 아름답게 피고	花依本母爭姸發
새는 새끼 불러 먹이려 지저귄다	鳥引新雛欲哺鳴
지붕 뒤 연봉은 푸르러 늠름하고	屋後蓮峯靑凜凜
뜰 앞의 곡탑은 하얗게 우뚝 섰다	庭前鵠塔白亭亭
높은 산성 주위를 웅장하게 안았는데	高圍山郭雄回抱
부처님은 푸른 벼랑에 앉아 계시네	調御丈夫坐翠屛

공북대【남미륵암 북쪽에 있다.】
拱北臺【在南彌勒北】

공북대는 높은 산기슭에 있으니	拱北一臺高麓在
풍경을 보려고 날마다 와 노닌다	欲看景物日來遊
골 구름 개인 아침 천봉이 빼어나고	谷雲朝散千峯秀
저녁에 내린 산비에 만학이 흐른다	山雨夜來萬壑流
바다에 돛단배 하나 멀리 보이는데	浮海片帆呈遠勢
허공 퍼지는 맑은 북소리 시름겹구나	落虛淸鼓帶孤愁
숲 바람 불어 새소리도 고요해지니	林風拂拂禽聲寂
세상일 유유하여 모두 그치고자 하네	世事悠悠盡欲休

진남대 【남미륵암 남쪽에 있다.】
鎭南臺【在南彌勒南】

세 방향 끊기고 한길만 갈 수 있어	三方絶足一方行
유람객 수십 명이 앉을 수 있다네	可坐遊人幾十名
상원암 사람 진불암에 와 얘기하고	上院人來眞佛語
금강산의 새도 해림원에 와 지저귄다	金剛鳥向海臨鳴
바위 병풍엔 미륵의 위용이 빛나고	岩屛彌勒威容晬
이끼 벽 가람의 물색도 맑고 맑기만	苔壁精藍物色淸
내 유한함 사랑하여 거듭 손님 만나	吾愛幽閒重會客
유정의 자리에서 무정을 얘기한다	有情座上說無情

해남 군수 이동루, 책실 정유상과 북암에 올라 함께 화답하다
海南倅李東樓册室丁維桑登北庵共和

험한 길 암자 높아 오는 길손 드문데	路嶮菴高客到稀
난간 기대어 멀리 푸른 산빛을 본다	憑欄遠見碧山暉
맑은 경쇠 소리 안개 뚫고 숲 밖에 퍼지고	淸磬透烟林外落
그윽한 새는 나무 옮겨 탑 가에 날도다	幽禽移樹塔邊飛
대나무는 옥침에 서늘한 그늘 드리우고	竹帶凉陰垂玉枕
소나무는 맑은 기운으로 삼베옷 스치네	松含霽氣拂麻衣
남녘 끝 영주는 어느 곳에 있는가	南極瀛洲何處是
저녁 강 돛배 하나 바람 받으며 오누나	晩江孤帆待風歸

산문이 구름에 덮여 오는 이 드물어	山門雲鎖客來稀
높은 누각에 석양빛만 비치누나	只得高樓照夕暉
향기로운 안개는 상방에 자욱하고	香霧皆從上方宿
좋은 새 비로소 숲 아래 나는구나	好禽纔向下林飛
아직도 바위에 장군의 자취 전하고	尙傳巖上將軍跡
시렁엔 노승의 납의 한가히 걸렸네	閒掛架頭老衲衣
흉금을 씻어 속세의 생각 없어지니	蕩滌胸襟消世慮
세상일 꿈만 같아 돌아가길 잊었네	塵間如夢頓忘歸

【이동루李東樓】

구름 사이 사찰에 속객이 드물어	寺在雲間俗客稀
높은 난간만 홀로 석양빛에 젖었네	危欄獨有入斜暉
천 길 산 그림자 창 앞에 드리우고	千尋峯影窓前倒
만리 물결 빛은 눈 밖에 일렁인다	萬里波光眼外飛

골 가득 이내에 가는 새 길을 잃고	滿壑浮嵐迷去鳥
깊은 숲 비 없어도 푸른빛 옷에 젖는다	深林無雨翠沾衣
안개 걷히고 차 파하자 종소리도 그쳐	烟消茶罷鐘聲歇
한밤중에 흰 달만 돌아가는구나	惟見中宵白月歸

【정유상丁維桑】

철선 화상을 애도하다
挽鐵船和尙

인간 세상에 자취 보이셨다 거두시니	示跡人間還斂跡
자손들은 먼 하늘 보며 통곡한다	兒孫共向哭天涯
구름은 원택의 삼생의 돌[80]에 돌아가고	雲歸圓澤三生石
달은 달마의 한쪽 신발[81]에 비친다	月照達摩一隻鞋
치자 뜰 호계엔 안개가 자욱하고	梔苑笑溪烟羃羃
매화 둥지 시 읊던 길엔 새들만 우나니	梅巢詩徑鳥喈喈
남방의 큰 스님 이제 멀리 가시고	南方鉅手從今遠
잣나무 그늘만 쓸쓸히 계단에 드리웠네	柏樹婆娑蔭落階

미황사 상수암
美黃寺上岫菴

윗자락 옛 누각 새 모습 갖추니 　　　　　上頭古閣具新容
묻노라 누가 이 큰 공덕 지었나 　　　　　借問何人作大功
옥빛 거울 잔잔히 열려 해가 지고 　　　　玉鏡平開沈日海
비단 병풍 나란히 하늘 지탱하네 　　　　錦屛齊列柱天峯
바람도 없는데 호랑이 타고 달리고 　　　無風奔走騎神虎
비 내리지 않는데 들보의 용이 난다 　　　不雨飛騰畵棟龍
세간의 명성에 더럽힐까 저어하여 　　　　恐浼世間名字垢
흰 구름이 난야를 자욱이 덮었네 　　　　一區蘭若白雲封

성도암
成道菴

성도암이 큰 고갯마루에 열리니	成道菴開大嶺頭
사철 빼어난 바위 병풍과 흐르는 샘	巖屛時勝穴泉流
만리 먼 영주의 푸른빛 보이고	瀛洲萬里呈靑勢
청해의 강물엔 흰 배가 떠다니네	淸海一江泛白舟
고목은 허공에 솟아 구름 걸려 있고	古木凌空雲掛拂
새 고리 벽에 걸려 길손 잡고 오르네	新鉤懸壁客登由
오래 거처하며 인간사를 잊었나니	久居不見人間事
꽃 피면 봄 되고 낙엽 지면 가을이라	花發知春葉落秋

【영주는 제주요, 청해는 완도이다.(瀛洲濟州。淸海莞島。)】

진주 촉석루
晋州矗石樓

진영 남쪽 강물은 동으로 흐르는데	營南江水向東流
촉석루 둥근 그림자 모래톱 어리네	矗石穹窿影落洲
영호남의 빼어난 곳 어디인가	嶺湖勝境知何處
고을의 명승을 이 누각에서 보노라	郡國名區見此樓
노랫소리 높이 올려 용이 춤추고	歌聲高出龍兒舞
장군의 기세 허공에 떠 왜구가 시름하네[82]	將氣超浮海㺚愁
진양의 온 고을 백성이 즐거워하니	晉陽一域人民樂
다시 여흥을 잡아 해 지도록 노니네	更把餘懷竟日遊

제주를 건너려고 배를 띄우다
渡濟州放船

한밤중 배에 올라 큰 바다에 나서 　　　　子夜登船放大洋
사면을 바라보니 망망하기만 하구나 　　　流觀四面浩茫茫
푸른 하늘 나는 새는 언제나 내려올까 　　鳥飛碧落何年下
붉은 파도 뛰는 물고기 크기가 백 척일세 　魚躍紅波百尺長
여서도를 바라보다 정오도 지나가고 　　　余鼠看看亭午失
영주를 가리키니 석양이 되었구나 　　　　瀛洲指指夕陽當
뱁새가 비로소 붕새의 길 지나오니 　　　　鷦鷯始得鵬溟路
죽어도 한 없고 살아서도 잊지 못하리 　　 死不恨兮生不忘

제주 관덕정
濟州觀德亭

천리 큰 파도 한 아름 높은데	千里鯨波大抱危
비 갠 후 관덕정에 올라 본다	登臨觀德雨晴時
지성의 장수 기운 흉금에 가득하고	枳城將氣襟中介
한라산 신선 바람 얼굴에 불어오네	漢岫仙風面上吹
명승지의 오늘 아침 정법을 찾나니	勝地今晨尋正法
어지러운 산 어디서 안기생[83] 만날까	亂山何處見安期
탐라국 고씨 왕국 한 조각 달빛에	耽羅一片高王月
문득 고향 그리워 나그네 꿈 더디네	忽憶鄉關旅夢遲

직산 홍경사
稷山弘慶寺

왕조의 고찰 옛터만 남았는데	王朝古刹有遺墟
웅장하고 화려함은 당시에 으뜸	壯麗當時第一居
최자의 비문[84]에 밝은 달 비치고	崔子撰碑明月照
백 공의 편액[85]은 철 뱀이 달리는 듯	白公額筆鐵蛇餘
봄이면 샘 흘러 언덕의 꽃이 붉고	井流春到花紅塢
깊은 가을 우뚝한 탑 기러기 운다네	塔屹秋深鴈唳虛
지하의 영혼은 편안히 잠들었는지	地下靈魂何泰臥
나그네 흐르는 눈물 책을 적신다	行人尙感淚沾書

전주 견훤성
全州甄萱城

용이 흥기한 옛 땅 경운[86]이 흐르니　　　　龍興古地慶雲浮
53관을 하나로 통일을 거두었네[87]　　　　五十三官統一收
백제의 멧부리에 봄풀이 푸르고　　　　　　百濟崗巒春草綠
삼한의 성곽에 시냇물만 흐른다　　　　　　三韓城郭水空流
번화한 물색에 사람의 눈 놀라고　　　　　　繁華物色驚人目
화려한 누대에 나그네 시름 풀린다　　　　　輪奐樓臺解客愁
해 질 무렵 부는 바람에 들새 우는데　　　　日晚風斜啼野鳥
패풍의 객관[88] 아래 고개를 돌린다　　　　沛豐舘下感回頭

동복 물염정
同福勿染亭

나는 듯 누각이 강 언덕에 있으니	翼然飛閣在江皐
아마도 조정의 관료 은거지인 듯	應是朝官退隱陶
언덕에 구름 걷혀 꽃 그림자 비치고	斷岸雲歸花影倒
덧없는 꿈 깨니 피리 소리 높구나	浮家夢覺鳳笙高
산과 물 좋아하여 그칠 곳 알았나니	樂山樂水還知止
물들지 않고 말 없어 어찌 술 취하랴	勿染勿言豈醉醪
자취는 선객의 청정한 이치와 같으니	跡似禪曹淸淨理
거닐고 음영하며 잠시 피로를 잊노라	徘徊吟咏暫忘勞

남고사 만경대
南固寺萬景臺

높이 솟은 돌부리에 종횡으로 뻗은 길	崚嶒石确路縱橫
만경이 펼쳐지니 속세의 정을 잊었네	萬景昭森遺世情
나라 위해 천년의 불사를 경영하고	爲國千年營佛寺
변방 지키려 하루에 산성 축조했네	禦邊一日築山城
먼 하늘 바라보니 기자의 후손 멀고	曾望乾坤箕後遠
다시 전각의 이 선생을 그리워하네	更思殿宇李先生
흰 납의와 황관 쓴 운수의 나그네가	白衲黃冠雲水客
마음의 향 피워 멀리 임금님 축원하네	心香遙祝漢陽京

강진 백련사 [만덕사]
康津白蓮社【萬德寺】

오랫동안 속세의 때 닦았으나 온전치 않아	長年洗染未全灰
조의루[89]의 시 보려고 홀로 찾아왔도다	欲看趙詩獨自來
학이 서고 뱀이 빗겨 가니 김 생의 붓이요	鶴立蛇橫金生筆
향기로운 구름과 서기에 백련이 열렸도다	香雲瑞氣白蓮開
신선의 배 바다에 뜨니 진나라 동자 지나가고	仙舟泛海秦童過
봉황의 채색 산에 아로새기니 촉금이 쌓였네	鳳彩紋山蜀錦堆
온 숲에 안개 자욱하고 산의 해도 저무는데	萬樹烟深山日暮
나그네 홀로 어디서 와서 지팡이 끌고 가는고	客從何處曳筇回

『범해유집』보유 끝
梵海遺集補遺終

범해선사시집 후발

 병진년(1916) 겨울에 두륜산 장춘강원長春講院에 머물렀는데 석덕碩德 인월印月과 완월玩月 두 높은 벗이 있었으니 곧 범해 선사의 법손이었다. 4편 2권을 꺼내어 나에게 보여 주며 말하였다. "이것은 범해 선조께서 선정의 여가에 지으신 보배로운 시문인데 미처 인쇄할 겨를이 없었으니 스님께서 열독하고 편집하여 주시겠는가." 내가 빙그레 웃고 공경히 읽어 보았으나 인쇄할 겨를이 없었다. 다음 해 봄에 조계산으로 가지고 가서 눈 높은 선비에게 값을 정하려고 하였다.
 마침 송 사마宋司馬【태회】염재 공念齋公이 있었으니 공은 산중의 재상이요 해외의 명사라, 학문은 소동파蘇東坡[90]와 두보처럼 넉넉하고 필법은 왕희지, 조맹부와 나란하였다. 승려인 나는 태전太顚과 혜원惠遠의 식견이 없건마는 당신은 한유韓愈[91]와 도연명陶淵明[92]의 취지가 있었다. 그 머무는 곳에 찾아가 이유를 말하고 읽도록 하였더니 박학의 자질을 사랑하여 진실로 음미하며 꼼꼼히 평을 하고 또 서문을 주시니 이 원고가 이로부터 금옥의 소리를 낼 수 있게 되었다. 곧 젊은 스님 주완섭朱完燮에게 명하여 날을 기약하여 인쇄하고 옛 편집을 그대로 따라 책을 이루었다.
 아, 병술년(1886, 고종 23) 봄에 만일단挽日壇 앞에서 선사에게 수계하였고, 병진년(1916) 겨울에 선사의 진영을 보련각寶蓮閣에서 뵈었으며, 정사년(1917) 여름에 조계산방에서 선사의 시를 편찬하게 되었으니, 혹 영겁의 기연奇緣을 두륜의 계산溪山 가운데서 마치게 된다면 다만 일시의 느낌만 있을 뿐만이 아니다. 훗날 이 시집을 읽는 자는 능히 두 높은 벗의 뜻이 과연 어디에 있는가를 체득한 이후에 비로소 알 것이다.

정사년(1917) 4월 욕불일浴佛日 조계산 계생戒生 보정寶鼎이 삼가 쓰다.

梵海禪師詩集後跋[1)]

赤龍之冬。住頭輪之長春講院。有碩德印月玩月二高朋。即禪師法孫雲仍也。袖四扁二号而示余曰。此即梵海先祖。禪餘寶唾。而未暇梓印。唯師閱而編之否。予莞爾而拜讀。不遑寫了。翌春帶至曹溪。欲將定價於高眼矣。適有宋司馬【泰會】。念齋公。公即山中宰相。海外名士。學富蘇杜。筆棄王趙。僧無顧遠之識見。自有韓陶之趣旨也。賷就其舘。說由而使讀之。愛其博學之質。實玩之而點評之。又以弁文而賜之。但斯棄也。從玆爲金聲之有在也。即命小闍黎朱完燮。剋日寫了。仍舊扁而成帙之。吁。丙戌春。受禪師戒於挽日壇前。丙辰冬。禮禪師眞於寶蓮閣裡。丁巳夏。編禪師詩於曹溪山房。倘是浩劫奇緣。要終於海崙溪山之中。非特有一時感遇而已。後之讀此者。能體乎二高朋之本意。果安在而後。始得之也夫。

丁巳四月浴佛日。曹溪山戒生。寶鼎謹書。

---

1) ㉠「梵海禪師詩集後跋」은 원래『梵海禪師文集』의「梵海禪師行狀」에 이어 수록되어 있다. 본 번역서에서는 이를『梵海禪師詩集』의 발문으로 옮겨 싣는다.『韓國佛敎全書』의 편자 역시 "이 글(후발)은『梵海禪師詩集』뒤에 있어야 한다."라고 한 바 있다.

주

1 과라蜾蠃의 일 : 『詩經』「小雅」〈小宛〉에 "뽕나무 벌레의 새끼를 나나니벌이 등에 업었도다.(螟蛉有子。蜾蠃負之。)"라는 구절이 있다. 중국 옛사람은 나나니벌이 뽕나무 벌레를 데려다가 키우면 나나니벌로 변한다고 믿었다. 여기에서는 덧없이 변화함을 일컫는다.
2 황량黃粱의 꿈 : 당唐의 이필李泌이 지은 「黃粱夢」이라는 소설에 나오는 이야기. 한단邯鄲의 나그네였던 노생盧生은 허술한 단갈短褐을 입고 푸른 망아지를 타고 다녔는데, 하루는 도자道者인 여옹呂翁을 만나 자신의 곤궁한 신세를 한탄하였더니, 여옹은 주머니에서 베개 하나를 꺼내 주면서 "이것을 베고 자면 자네는 마음대로 부귀하게 될 것이다."라고 하였다. 노생은 그대로 하였더니 과연 꿈속에 온갖 부귀공명을 누렸다. 깨어나 보니, 자신이 자기 전에 주인이 누른 기장(黃粱)으로 떡을 찌고 있었는데 아직 다 익지 못하였다. 노생이 하도 허무해서 이상스레 여기자 여옹은 "세상일이 모두 이 꿈과 같다."라고 하였다.
3 밤과 배 다투는 듯 : 어린아이같이 유치하다는 뜻이다.
4 관왕묘關王廟 : 조선 선조 32년(1599)에 남원부南原府 동문 밖에 창건하였다가 숙종 42년(1716)에 박내정朴乃貞에 의해 동문 성안으로 이전하였다. 그 후 영조 17년(1741)에 남원 부사로 와 있던 허린許橉이 현재의 위치로 옮겨 놓았다. 관왕묘란 중국 삼국시대의 명장 관운장關雲長을 향사享祀하는 곳이다. 관운장을 향사하기 시작한 것은 조선 선조 때 임진왜란이 끝난 직후부터이다. 우리나라에 원병으로 왔던 명明나라 군대가 왜군과 싸움을 하던 중 밤이 되자 하늘에서 수천의 신병이 나타나 왜군을 물리쳤는데 그 장군이 관운장이었다고 한다. 현재 관왕묘에는 흙으로 빚은 관우의 소상塑像을 봉안하고, 춘추로 향사하고 있다. 맞배지붕으로 된 한식 목조 기와로 되어 있으며 관왕묘 창건비가 있다.
5 소미少微의 책 : 『通鑑節要』. 목판본으로 50권 15책, 국립 중앙도서관 소장. 강지江贄의 호를 덧붙여 일명 『少微通鑑』이라고도 한다. 송나라 강지가 편찬한 것을 1237년 강연江淵이 간행하였다. 『資治通鑑』은 294권 100책에 이르는 거질巨帙로, B.C. 403년(주周 위열왕威烈王 23)부터 959년(후주後周 현덕顯德 6)까지 1362년간의 중국 역사를 편년체編年體로 엮은 통사通史이다. 이 책은 권수가 너무 방대하여 열람하는 데 난점이 있었다. 그래서 중요한 것을 선정하여 만든 책으로 주자朱子의 『資治通鑑綱目』, 원추袁樞의 『通鑑記事本末』 등 많은 책이 나왔는데, 이 책도 바로 이 중의 하나이다.
6 토지 따라 변하고 : 귤화위지橘化爲枳 또는 남귤북지南橘北枳란 옛말이 있다. 귤이 회수를 건너면 탱자가 된다는 말이다. 이 말은 같은 사람이라도 환경이 다르면 다르게 성장한다는 의미이다.

7　수레 가득 향기롭네 : 중국 고대 우禹임금이 홍수를 다스리고 나서 구주九州를 정하고 공물을 바치게 하였는데 양주揚州 지역에서는 노란 귤을 바치게 하였다. 『書經』「禹貢」.
8　진리의 문 : 원문은 '重玄門'이다. 『道德經』에 "현묘하고 현묘하니 온갖 오묘한 이치의 문이다.(玄之又玄。衆妙之門)"라는 구절이 있다.
9　회문回文 : 거꾸로 읽어도 똑같은 시가 되는 것을 말한다.
10　금인金人 : 말을 몹시 삼간다는 의미이다. 공자가 주周나라에 가서 태묘太廟를 보니 태묘의 오른쪽 계단 곁에 금인이 있는데, 그 입을 세 번 봉하였고 그 등에는 "옛날에 말을 삼간 사람이다.(古之愼言人也)"라고 새겨져 있었다. 『說苑』「敬愼」.
11　궐당闕黨의 동자 : 『論語』「憲問」에 나오는 이야기다. 궐당의 동자가 공자의 명을 전달하거늘 어떤 사람이 묻기를, "학문이 진보된 자입니까?"라고 하니 공자께서 말씀하시기를, "그가 자리에 앉아 있는 것을 보았으며 선생과 나란히 걷는 것을 보니 학문의 진보를 구하는 자가 아니라 빨리 이루고자 하는 자이다.(闕黨童子將命。或問之曰。益者與。子曰。吾見其居於位也。見其與先生幷行也。非求益者也。欲速成者也)"라고 하였다. 여기에서는 학문의 진전이 빠르다는 뜻으로 쓰였다.
12　백두栢斗 : 잣나무로 만든 다리미 종류인데, 불에 달구어 표시를 하는 것이다.
13　건제체建除體 : 시체詩體의 이름. 중국 남조 송의 포조鮑照가 시작했다. 구의 첫 글자에 건제 12신의 이름을 붙이는 방법. 이 시에서 각 구의 첫 글자인 '건建·제除·만滿·평平·정定·집執·파破·위危·성成·수收·개開·폐閉'가 12신의 이름이다.
14　팔음체八音體 : '금석사죽포토혁목金石絲竹匏土革木' 여덟 가지 종류의 악기 이름으로 시를 지은 것이니, 스님이 문자로 유희한 것이다.
15　실을 슬퍼함 : 『墨子』「所染」에 "묵자가 실을 물들이는 것을 보고 탄식하여 말하기를, '파란색이 되기도 하고 노란색이 되기도 하니 물감에 따라서 색도 또한 변하는구나.'(子墨子見染絲者。而歎曰。染於蒼則蒼。染於黃則黃。所入者變。其色亦變。)"라고 하였다.
16　기로岐路의 통곡 : 『列子』「說符」에 나오는 다기망양多岐亡羊이란 고사를 차용하였다. 양자楊子의 이웃 사람이 양을 잃어서 그 무리를 다 동원하고 다시 양자의 종까지 동원하여 찾으려 하였다. 이에 양자가 묻기를, "한 마리 양을 잃고 찾으러 가는 사람이 어찌 이렇게 많은가?"라고 하자 그가 말하기를, "갈림길이 많기 때문입니다."라고 하였다. 찾으러 갔다가 돌아오는 것을 보고, 양자가 "양을 찾았는가?"라고 묻자 "잃었습니다."라고 하였다. 양자가 다시 "어째서 잃었는가?"라고 하자, 그가 말하기를 "갈림길 속에 다시 갈림길이 있어 나는 어디로 가고 양은 어디로 갔는지 알 수 없기에 돌아오고 말았습니다."라고 하였다. 이에 심도자心都子가 말하기를 "대도大道는 갈림길이 많아 양을 잃고 학자는 방도方道가 많아 생명을 잃는다."라고 하였다고 한다.
17　걸린 박처럼 먹지 못하면 : 진晉나라 대부大夫 조간자趙簡子의 가신으로서 반란을 일으킨 필힐佛肹이 공자를 부르자 공자는 가려고 했다. 하지만 자로子路가 반대하자 군

자는 불선인不善人 가운데 던져지더라도 그들에게 동화되지 않고 그들을 선도할 수 있다고 말했다. 또한 "뒤웅박은 먹지 못할 식물이므로 한곳에 매여 있지만 나는 먹을 수 있는 사람이라 동서남북으로 갈 수 있기에 한곳에 매여 있을 수 없다.(吾豈匏瓜也哉。焉能繫而不食。)"라고 말했다.『論語』「陽貨」.

18 현고懸鼓의 꿈이 곧바로 이르리라 : 해가 장차 질 때의 모습이 현고와 같다. 이때 이 해를 보고 일상관日想觀을 닦는다. 여기에서는 인생의 황혼이 이른다는 뜻인 듯하다.

19 오吳나라 소금 : 오나라 땅에서 생산되는 소금이 가장 희고 깨끗하였으므로 최상품의 소금을 오염吳鹽이라고 일컬었는데, 깨끗한 눈에 자주 견준다. 이백李白의 시 〈梁園吟〉에 "오나라 소금이 꽃처럼 쌓였는데 백설보다도 더 깨끗하다.(吳鹽如花皎白雪)"라는 표현이 나온다.(『李太白集』) 여기에서는 하얗게 떨어지는 매화꽃이 오나라의 깨끗한 소금 빛깔이라는 뜻이다.

20 장주의 나비 :『莊子』「齊物論」에 "언젠가 장주가 꿈속에서 나비가 되어 훨훨 잘 날아다니며 유쾌하여 장주인 것은 알지도 못하였다. 조금 뒤에 잠을 깨고 보니 엄연히 장주라는 인간이었다. 모르겠구나, 장주가 꿈속에서 나비가 된 것인가, 나비가 꿈속에서 장주가 된 것인가. 하지만 장주와 나비 사이에는 분명히 구분이 있을 것이니, 이것을 일러 물화物化라고 한다.(昔者莊周夢爲胡蝶。栩栩然胡蝶也。自喩適志與。不知周也。俄然覺則蘧蘧然周也。不知周之夢爲胡蝶與。胡蝶之夢爲周與。周與胡蝶則必有分矣。此之謂物化。)"라는 유명한 '호접몽胡蝶夢'의 이야기가 나온다.

21 세 번 쫓겨나도 : 유하혜柳下惠는 춘추시대 노나라 사람이다.『論語』「微子」에 의하면, 유하혜가 사사士師가 되었다가 세 번을 쫓겨나자 어떤 이가 말하기를, "'그대는 이 나라를 떠날 수 없는가?'라고 하니 유하혜가 대답하기를, '도를 곧게 하여 사람을 섬기면 어디 간들 세 번 쫓겨나지 않겠으며, 도를 굽혀서 사람을 섬기려면 왜 꼭 부모의 나라를 떠날 필요가 있겠는가.'(柳下惠爲士師。三黜。人曰。子未可以去乎。曰。直道而事人。焉往而不三黜。枉道而事人。何必去父母之邦。)"라고 하였다.

22 국풍國風 :『詩經』의「國風」을 말하는데, 국풍은 제후들의 나라에서 채집한 민가民歌로 이루어져 있다.

23 송宋나라 문충공文忠公 : 구양수의 시호가 문충공이다.

24 통도사 자장굴의 금개구리 : 자장 율사慈裝律師가 통도사를 창건하기 전 자장암에 머무를 때 거북 모양의 등에 눈과 입가에 금줄을 한 개구리가 나타났다는 고사에서 유래했다. 겨울이 되자 개구리들을 걱정한 자장 율사가 암벽을 손가락으로 뚫어 살 곳을 마련해 주고는 '금와보살金蛙菩薩'이란 수기를 내려 주어 세세생생토록 자장암을 지키도록 하였다. 그 후로 이 개구리는 '금와보살'로, 암혈은 '금와석굴金蛙石窟'로 불리게 되었다.

25 한漢나라 군대는~수수濉水(雎水)에 빠지고 : 한나라 고조高祖가 수수에서 항우項羽에

게 크게 패하여 10만 명의 군사가 죽으니 수수가 흐르지 못하였으며 고조도 초楚나라 군사에게 완전히 포위 당해 위급한 형편에 놓이게 되었는데, 마침 대풍大風이 불어 나무가 뽑히고 사석砂石이 나는 틈을 타서 도망하여 죽음을 모면했다는 고사이다.

26 당唐나라 도적은~업성鄴城을 달아났네 : 당나라 현종玄宗 때 안록산安祿山이 반란을 일으켜서 파죽지세로 장안으로 진격하였다. 당나라 토벌군인 곽자의郭子儀와 이광필李光弼이 군대를 거느리고 업성에서 안록산의 군대와 대치하였는데 갑자기 심한 바람이 몰아쳐서 앞을 분간할 수 없게 되자 적군이 달아났다.

27 신안읍 : 옛날 신안성이 있던 곳으로 항우가 진의 군사 20만 명을 무찌른 적이 있다.

28 패풍沛豊 : 한 고조漢高祖 유방劉邦이 처음 군사를 일으킨 곳으로서, 후대에 제왕의 고향을 일컫는 말로 쓰이게 되었다. 고조가 천하를 평정하고 고향으로 돌아와 〈大風歌〉를 지어 노래했다. 『史記』.

29 태호씨太昊氏 : 복희伏羲. 중국 고대 전설상의 제왕 또는 신神. 3황 5제 중 중국 최고의 제왕으로 친다. '복희'라는 이름은 『易經』「繫辭傳」의 복희가 팔괘八卦를 처음 만들고, 그물을 발명하여 어획·수렵의 방법을 가르쳤다는 기록이 가장 오래된 것이다.

30 태공太公 : 본명은 강상姜尙이다. 그의 선조가 여呂나라에 봉하여졌으므로 여상呂尙이라 불렸고, 태공망太公望이라고 불렀지만 강태공姜太公이라는 이름으로 더 잘 알려져 있다. 주周나라 문왕文王이 수렵을 나갔다가 반계磻溪에서 낚시하던 태공을 만나서 스승으로 삼았는데, 낚시할 때에 그의 바늘이 반듯했다고 한다. 문왕의 아들 무왕武王을 도와 상商나라 주왕紂王을 멸망시키고 천하를 평정하였으며 그 공으로 제齊나라 제후에 봉해져 그 시조가 되었다.

31 부춘富春에 은둔한 일 : 엄광嚴光은 자字가 자릉子陵으로, 후한後漢 때의 은사隱士이다. 광무제光武帝와 어려서부터 절친한 사이였던 그는 광무제가 천자가 되자 자취를 감추고 은거하였는데, 광무제가 찾아내서 간의대부諫議大夫에 제수했으나 나오지 않고 부춘산富春山에서 농사를 지으며 생을 마쳤다. 『後漢書』.

32 임금의 책상에 묵죽시墨竹詩 바쳤네 : 청허 휴정이 선조대왕의 묵죽 그림에 올린 시가 있다. "瀟湘一枝竹。聖主筆頭生。山僧香蓺虎。葉葉帶秋聲。"

33 당나라의 간신론諫臣論 : 당 덕종唐德宗 때 간의대부諫議大夫 양성陽城이 국정國政에 대해서 제대로 직간直諫을 올리지 않자 한문공韓文公(한유)이 「爭臣論」을 써서 비판하면서 간관諫官의 도리에 대해서 말하였다.

34 실궁失弓 이야기 : 초楚나라 공왕共王이 나가 놀다가 활을 잃었다. 좌우가 찾아보기를 청하니, 왕이 "그만두라. 초인楚人이 잃은 활을 초인이 얻었으니 또 찾아 무엇하리오."라고 하였다. 여기에 대해서 공자는 말하기를, "사람이 잃은 활을 사람이 얻었으면 그만이다."라고 하여 공왕의 도량이 작음을 비판했다.

35 몽염蒙恬(?~B.C. 209) : 진秦나라의 장군. B.C. 221년 제齊나라를 멸망시킬 때 큰 공

을 세웠다. B.C. 215년 흉노 정벌 때 활약이 컸으며, 이듬해 만리장성을 완성하였다. 북쪽 변경을 경비하는 총사령관으로서 상군上郡(섬서성陝西省 부시현膚施縣)에 주둔하였다. 시황제始皇帝가 죽자, 환관 조고趙高와 승상丞相 이사李斯의 흉계로 투옥되어 자살하였다.

36 분서焚書 : 분서갱유焚書坑儒. 진나라 승상 이사가 주장한 탄압책으로, 실용 서적을 제외한 모든 사상서를 불태우고 유학자를 생매장하였다. 포악한 정치를 일컫는다.

37 천오天烏 : 삼족오三足烏. 고대 신화에 나오는, 태양 안에서 산다는 세 발 달린 상상의 까마귀.

38 초향楚鄕을 원망하나 : 초나라 항우項羽가 천하를 잃고 마지막으로 계명산鷄鳴山에서 한漢나라 군대와 싸우려고 진을 쳤을 때 가을 달이 한없이 밝자 장량張良이 옥퉁소를 불어 항우의 부하 8천 명이 고향 생각에 젖어 있을 무렵 한나라 군대가 진격하여 격파시켰다.

39 맹상군孟嘗君(?~B.C. 279?) : 성명은 전문田文. 맹상군은 시호 또는 봉호封號라고도 한다. 선왕宣王의 서제庶弟인 아버지의 뒤를 이은 다음, 많은 식객食客들을 거느렸다. 진나라 소양왕昭襄王의 초빙을 받아 진나라에 들어갔으나 의심을 받아 살해될 위기에 처했다. 맹상군이 진왕의 애첩에게 구원을 요청하니 호백구를 요구하였다. 맹상군은 좀도둑질을 잘하는 식객을 시켜서 진나라 창고 안에 있는 호백구를 훔쳐 애첩에게 바치고 풀려났다. 그러나 진왕이 후회하고 다시 잡으려고 하였다. 맹상군이 국경의 관문에 이르자 문이 닫혀 나갈 수 없었다. 진나라 법에 닭이 울어야 관문을 열었으니, 식객 중에 닭 소리를 잘 흉내 내는 자가 닭 울음소리를 냈고 다른 닭도 따라 울어서 관문이 열리자 빠져나올 수 있었다. 이것이 '계명구도鷄鳴狗盜'의 고사이다.

40 솥 위에서~길게 울어 : 무정武丁이 탕湯임금에게 제사를 지낸 다음날에 꿩이 솥 위로 올라와 운 일이 있었다. 현신 조기祖己가 이 일을 계기로 무정에게 덕을 닦고 바른 정치를 행하라고 간언하니 은殷나라가 중흥되었다.

41 무정武丁 : 이름은 소昭. 상조商朝 제23대 국왕. 재위 시기는 약 B.C. 1250~1192년으로 추정. 반경盤庚의 조카이며 부친은 소을小乙임. 섬서陝西 북서부, 산서山西 북부 및 내몽고 서부에 거주하던 고대 북방 민족의 하나인 귀방鬼方을 정벌하였고, 현신賢臣 부열傅說을 재상으로 임명하여 은나라를 중흥시켰다.

42 보설普說 : 선사禪寺에서 대중大衆을 모아 놓고 하는 설법을 말한다.

43 편정偏正 : 조동종曹洞宗의 편정오위설偏正五位說. 중국의 동산 양개洞山良介 스님이 제창한 편정오위설을 말한다. 정중편正中偏 · 편중정偏中正 · 정중래正中來 · 편중지偏中至 · 겸중도兼中到 등의 오위에 조산 본적曹山本寂이 주註를 덧붙임으로써 조동종의 중심 사상이 되었다.

44 마음이 몸에~무어 슬프랴 : 도연명陶淵明의 〈歸去來辭〉에 "이미 스스로 마음은 몸의

부림을 받게 하였으니 어찌 근심하며 홀로 슬퍼할 것 있으랴.(既自以心爲形役。奚惆悵而獨悲。)"라는 구절이 있다.

45 5월에 새 곡식 파니 : 만당晩唐 시인 섭이중聶夷中의 시 〈상전가傷田家〉에 "2월에는 앞으로 나올 비단을 미리 팔고, 5월이면 추수를 담보로 양식을 빌린다.(二月賣新絲。五月糶新穀。)"라는 시구가 있다. 2월에 돈을 꾸어서 관청에 세금으로 바치고 여름에 누에를 길러 생사生絲로 갚으니 이는 2월에 미리 생사를 판 격이 되고 5월에 돈을 꾸어서 관청에 바치고 가을에 수확하여 갚으니 이는 5월에 미리 곡식을 판 것과 같은 것이다.

46 한서漢書 : 중국 후한後漢 시대의 역사가 반고班固가 저술한 기전체紀傳體의 역사서이다. 12제기帝紀·8표표·10지志·70열전列傳의 전 100권으로 이루어졌다. 『前漢書』 또는 『西漢書』라고도 한다. 『史記』와 더불어 중국 사학사상史學上 대표적인 저작이다. 한무제漢武帝에서 끊긴 사마천司馬遷의 『史記』의 뒤를 이은 정사正史로 여겨지므로 '두 번째의 정사'라 하기도 한다.

47 감리묘유坎离卯酉 : 묘卯는 해의 문이 되어 태양太陽이 발생하는 곳이요, 유酉는 달의 문으로 태음太陰이 생성되는 곳이다. 해와 달이 이곳으로 출입할 뿐 아니라, 크게는 천지의 만물이 비록 인寅에서 시작하지만 묘에 이르러 더욱 열리고, 만물이 술戌에서 닫히기 시작하지만 유에 이르러 이미 문이 닫히는 것이다. 『周易』의 감리는 곧 묘유에 해당되어 천지의 공용功用을 이루는 것이다. 또한 감은 정북방, 리는 정남방, 묘는 정동방, 유는 정서방이다. 추분에는 해가 정동에서 떠서 정서로 넘어가니 십자형으로 보면 동서남북이 각을 이룬다는 말이다.

48 옥산玉山처럼 쓰러지네 : 진晉나라 혜강嵇康의 자태가 마치 외로운 소나무가 홀로 선 것처럼 빼어나 그가 술이 취해서 넘어지면 옥으로 된 산이 무너지는 것과 같았다고 한다. 『世說新語』「容止」.

49 주미塵尾 : 진나라 왕연王衍이 옥 손잡이(玉柄)에 고라니 꼬리털(塵尾)을 매단 불자拂子를 항상 손에 들고서 청담淸談을 펼쳤다는 고사가 있다. 『世說新語』「容止」.

50 염계濂溪 : 주돈이周敦頤(1017~1073). 자字는 무숙茂叔, 호는 염계, 도주道州 출생. 지방관으로서 각지에서 공적을 세운 후 만년에는 여산廬山 기슭의 염계서당濂溪書堂에 은퇴하였기 때문에 염계 선생이라 불렀다. 도가 사상道家思想의 영향을 받고 새로운 유교 이론을 창시하였다. 저서에는 『太極圖說』·『通書』가 있으며, 〈愛蓮說〉에서 모란을 꽃 중에 부귀한 것이라고 하였다. 정호程顥·정이程頤 형제를 가르쳤기 때문에 도학道學(송대宋代 신유학新儒學)의 개조라고 칭하였다.

51 궁궁芎藭 한~된 후로 : 굴원은 초楚나라의 대부로, 참소를 받아 쫓겨났는데 여러 가지 향초로 자기의 옷을 장식하여 고결한 마음을 나타냈다. 궁궁은 향초香草의 일종이다.

52 완적阮籍(210~263) : 자는 사종嗣宗, 진류陳留 출생. 아버지는 후한後漢 말의 명사이자 건안칠자建安七子의 한 사람인 완우阮瑀이다. 혜강嵇康과 함께 죽림칠현竹林七賢의 중

심 인물이다. 휘파람을 잘 불었으며 거문고의 명인이었다. 대표작인 시 〈詠懷〉 85수는 자기의 내면세계를 제재로 하여 원초적인 노장 사상老莊思想을 추구한 작품이다.

53 운거雲車 : 신선의 수레를 말한다.

54 한단邯鄲의 베개 : 주 2 참조. 여기에서는 타향이라는 뜻이다.

55 무현곡無絃曲 : 현絃이 없는 거문고의 곡조라는 뜻으로 자연의 소리를 말한다. 여기에선 솔바람 소리.

56 적성赤城 : 신선들이 사는 곳이다.

57 정 공丁公 : 정약용인 듯하다.

58 여산廬山의 아름다운 자취 : 진晉나라의 고승 혜원惠遠이 여산의 동림사東林寺에서 도연명陶淵明, 육수정陸修靜 등과 함께 백련결사白蓮結社를 맺었다.

59 매우梅雨 : 황매우黃梅雨. 매실이 익을 무렵 내리는 비로, 보통 6월 중순부터 7월 초순에 걸쳐 내리는 장맛비를 말한다.

60 돌 기린 : '천상석기린天上石麒麟'이라는 말로 훌륭한 사람을 가리킨다.

61 파옹坡翁 : 그림에 게송을 쓴 인물로 소동파 혹은 백파 긍선白坡亘璇일 가능성이 있으나 자세치 않다. 질정을 바란다.

62 과판科判 : 부처님 일대 교법의 내용을 판단하고, 그 뜻을 해석하여 대승과 소승으로 나누며, 그 깊고 얕음을 따져서 체계를 세우는 것. 천태종에서 쓰는 말로, 보통은 교상판석教相判釋이라 한다.

63 북해의 붕鵬새 : 『莊子』「逍遙遊」에 붕새는 유월의 바람을 타고 9만 리 하늘 위를 날아오른다고 하였다.

64 사위의四威儀 : '행주좌와行住坐臥'의 네 글자로 시를 지은 것이다.

65 극념克念의 공부 : 『書經』에 "능히 생각하면 지혜롭게 되고 생각하지 않으면 어리석게 된다.(克念作聖。亡念作狂。)"라는 말이 있다.

66 주름살 : 원문은 '河皺'.

67 김하서金河西 : 김인후金麟厚(1510~1560). 본관은 울산, 자字는 후지厚之, 호는 하서·담재澹齋, 시호는 문정文正. 1510년 전라도 장성현 대맥동리에서 출생하였다. 조선 중기의 문신으로, 1540년 문과에 합격하고 1543년 홍문관 박사 겸 세자시강원 설서를 역임하여 당시 세자였던 인종을 가르쳤다. 인종이 즉위하여 8개월 만에 사망하고 을사사화가 일어나자 고향으로 돌아가 성리학 연구와 후학 양성에만 정진하였다.

68 윤고산尹孤山 : 윤선도尹善道(1587~1671). 조선 중기의 문신이자 시인. 본관은 해남海南, 자는 약이約而, 호는 고산, 시호는 충헌忠憲. 1612년(광해군 4) 진사가 되었다. 치열한 당쟁으로 일생을 거의 벽지의 유배지에서 보냈으나, 경사에 해박하고 의약·복서·음양·지리에도 통하였으며, 특히 시조에 뛰어나 정철의 가사와 더불어 조선조 시가문학에서 쌍벽을 이루었다.

69 일행一行(683~727) : 당唐나라 때의 밀교 승려이자 천문학자. 724년에 역법 개편 작업을 시작하여 역법에 『周易』의 형이상학을 결부시킨 『大衍曆』을 완성시켰다. 이 역법에 의하여 계산된 태음력은 그의 사후인 729년부터 전국에 배포되었다.
70 연기烟起 선사 : 도선 국사(827~898)의 호이다. 신라 후기의 승려로 우리나라 풍수지리설의 시조. 자는 옥룡자玉龍子.
71 하백河伯 : 황하黃河의 신神을 말한다.
72 우사雨師 : 비를 관장하는 신이다.
73 큰 공 : 『詩經』「小雅」〈六月〉에 "험윤을 정벌하여 큰 공을 바치다.(薄伐玁狁。以奏膚公。)"라는 구절이 있는데 주注에 부膚는 대大, 공은 공功이라 하였다.
74 훤초萱草 : 원추리. 옛사람들이 어머니의 풀이라고 하였다. 어머니는 북당에 계신다 하여 북당춘北堂春이라 하였다. 원추리는 또한 근심을 잊는 풀이라고 하였다.
75 진궁秦宮의 석~불길이 타고 : 진秦나라가 멸망할 때에 항우項羽가 진나라 수도 함양咸陽에 불을 질렀는데 석 달을 연이어 탔다고 한다.
76 한무제漢武帝의 사수전四銖錢 : 사수전은 화폐 이름이다. 눈이 크고 둥글다는 뜻이다.
77 왕손王孫의 일 : 당唐나라 왕유王維의 시에 "봄풀은 해마다 푸른데 왕손은 돌아오지 않네.(春草年年綠。王孫歸不歸。)"라는 구절이 있다. 왕손은 상대방을 높여서 부르는 말이다. 한번 가서 돌아오지 않는 왕손을 본받지 말라는 뜻이다.
78 옥형玉衡 : ① 옥으로 만든 천문 관측기, ② 북두칠성의 다섯째 별. 여기에서는 두 번째 뜻이다.
79 귀목龜木 : 맹귀우목盲龜遇木. 『涅槃經』에 있는 이야기. 사람의 몸을 받아 세상에 나거나, 불법을 만나기가 아주 어렵다는 것을 비유한 말. 눈먼 거북이가 바다에서 백 년마다 한 번씩 물 위에 나오는데 우연히 구멍 뚫린 나무로 머리가 나온다는 말로, 만나기 어려움을 비유한 말이다.
80 원택의 삼생의 돌 : 당唐나라 때 승려 원택圓澤과 그의 벗 이원李源 간의 인연을 항주杭州 천축사天竺寺 뒷산의 돌에 빗대어 말한 것이다. 전생의 숙연宿緣을 일컫는 말로 쓰인다.
81 달마의 한쪽 신발 : 달마 대사가 입적한 후에 송운宋雲이 황제의 사신으로 서역에 다녀오다가 손에 한쪽 신발만을 쥐고 서역으로 돌아가는 달마를 만났다. 송운이 황제에게 아뢰어 황제가 달마의 관을 열어 보게 하니, 신발 하나만 남아 있고 달마 선사의 몸은 없었다고 한다.
82 왜구가 시름하네 : 원문의 '海耈'는 해구海寇 혹은 해구海鷗의 잘못인 듯하다. 또는 해구라는 바다 생물일 수도 있다. 문맥으로는 왜구가 적절하여 그렇게 번역했다.
83 안기생安期生 : 중국 고대의 신선 이름이다.
84 최자崔子의 비문 : 고려 시대의 화강석 석비. 1021년(현종 12)에 창건한 봉선 홍경사 경

내에 세운 사적비로, 현존하는 석비 중 가장 완미完美한 형태이다. 귀부龜趺와 이수螭首를 갖추어 비의 형식을 따르고 있다. 비문은 해서楷書로서 당시의 석유碩儒로 이름이 높았던 최충崔冲이 찬撰하고 백현례白玄禮가 쓴 것이다. 이 절을 창건한 5년 후인 1026년에 세웠다.

85 백 공의 편액 : 백현례인 듯하다. 고려 초기의 서예가로 벼슬은 국자승國子丞을 지냈다. 해서楷書의 고려 제1인자로 추장推奬되었으며, 필법은 정결·근엄하였다. 작품으로〈弘慶寺開創碑文〉을 썼다.

86 경운慶雲 : 상서로운 오색의 구름으로 왕자王者의 서기瑞氣를 나타낸다.

87 53관을 하나로 통일을 거두었네 : 이성계에 의해 조선 왕조 전국의 53군현이 하나로 통합되었다고 비유한 것이다.

88 패풍沛豊의 객관 : 전주의 객사客舍를 말한다. 조선 왕조가 발생하였다 하여 전주를 풍패豊沛에 비유하는데, 전주 객사에는 풍패지향豊沛之鄕이라 표액되어 있다.

89 조의루趙倚樓 : 당나라 시인 조하趙嘏의 별칭이다. 그의 시 가운데 "긴 피리 소리 들으며 누각에 기대었네.(長笛一聲人倚樓)"라는 구절을 두목杜牧이 너무도 좋아하여 조의루라고 불렸던 데에서 유래한 것이다.

90 소동파蘇東坡(1037~1101) : 미산眉山(지금의 사천성四川省 미산시眉山市) 출생. 자는 자첨子瞻, 호는 동파거사東坡居士, 이름은 식軾. 소순蘇洵의 아들이며 소철蘇轍의 형으로 대소大蘇라고도 불리었다. 송宋나라 제1의 시인이며, 문장에 있어서도 당송팔대가唐宋八大家의 한 사람이다. 그는 폭넓은 재능을 발휘하여 시문서화詩文書畵 등에 훌륭한 작품을 남겼으며 좌담을 잘하고 유머를 좋아하여 누구에게나 호감을 주었으므로 많은 문인들이 모여들었다. 당시唐詩가 서정적인 데 대하여 그의 시는 철학적 요소가 짙었고 새로운 시경詩境을 개척하였다. 대표작〈赤壁賦〉는 불후의 명작으로 널리 애창되고 있다.

91 한유韓愈(768~824) : 자는 퇴지退之, 시호는 문공文公. 회주懷州 수무현修武縣(하남성河南省) 출생. 792년 진사에 급제하였다. 당나라의 문학가 겸 사상가. 그의 공적은 첫째, 산문의 문체개혁文體改革을 들 수 있다. 종래의 대구對句를 중심으로 짓는 변문騈文에 반대하고 자유로운 고문古文을 친구 유종원柳宗元 등과 함께 창도하였다. 고문은 송宋나라 이후 중국 산문 문체의 표준이 되었으며 그의 문장은 모범이 되었다. 둘째, 시에 있어 지적인 흥미를 정련된 표현으로 나타낼 것을 시도, 그 결과 때로는 난해하고 산문적이라는 비난도 받지만 제재題材의 확장과 더불어 송대의 시에 끼친 영향이 매우 크다. 사상 분야에서는 유가의 사상을 존중하고 도교·불교를 배격하였다.

92 도연명陶淵明(365~427) : 자는 연명 또는 원량元亮, 이름은 잠潛. 문 앞에 버드나무 다섯 그루를 심어 놓고 스스로 오류五柳 선생이라 칭하였다. 강서성江西省 구강현九江縣의 시상柴桑 출생. 동진東晋과 남조南朝 송나라의 시인. 기교를 부리지 않고 평담平淡

한 시풍이었기 때문에 당시의 사람들로부터는 경시를 받았지만 당唐대 이후는 육조六朝 시대 최고의 시인으로서 그 이름이 높아졌다. 그의 시풍은 당나라 맹호연孟浩然, 왕유王維 등 많은 시인들에게 영향을 주었다. 주요 작품으로 〈桃花源記〉, 〈歸去來辭〉 등이 있다.

찾아보기

ㄱ

『가어家語』/ 313
강매오姜梅塢 / 79
강선대降仙臺 / 119
강용운姜龍雲 / 87
강제호姜霽湖 / 67, 68
건제체建除體 / 289
검불랑산劍拂浪山 / 94
견성암見性庵 / 143
견훤성甄萱城 / 77, 376
경원敬元 / 208
『경책문警策文』/ 346
「경책문 과평警策文科評」/ 345
경한敬閒 / 73
경화璟華 / 64
계정戒定 / 93, 139
공북대拱北臺 / 365
관 선사寬禪師 / 49
관음굴觀音窟 / 74
관촉사觀燭寺 / 355
관호재觀湖齋 / 130
광신廣信 / 121
광한루廣寒樓 / 268
〈괴석도恠石圖〉/ 347
구곡九曲 / 140
구곡담九曲潭 / 62
구대九臺 / 141
구생동九生洞 / 103
구암龜巖 / 237

궁예성弓裔城 / 94
근학謹學 / 162
근호謹浩 / 194
근환謹煥 / 193
『금강경金剛經』/ 330
금강산 마하연金剛山摩訶衍 / 334
금도金島 / 338
금명 보정錦溟寶鼎 / 30, 135, 381
금월 화상錦月和尙 / 348
기문綺紋 스님 / 230
기연 상인奇衍上人 / 117
기운 상인奇雲上人 / 133
기정 상인奇正上人 / 142
길상산방吉祥山房 / 30
김구암金搆庵 / 110
김금사金錦史 / 45
김내열金乃烈 / 319
김도암金道巖 / 40
김만취金晚翠 / 212
김미방金米舫 / 224
김소운金小雲 / 224
김송남金松南 / 229
김여종金汝鍾 / 307
김옥산金玉山 / 106
김용金龍 / 340
김용은金龍殷 / 363
김운옹金雲翁 / 322
김인호金仁湖 / 102
김청음金淸陰(김상헌金尙憲) / 92
김하서金河西(김인후金麟厚) / 352

김 학관金學官 / 186
김 호군金護軍 / 84
김호은金湖隱 / 42

나운羅云 / 68
낙서樂西 / 237
남고사南固寺 / 378
남미륵암南彌勒庵 / 324
남원 관왕묘南原關王廟 / 267
남파 화상南坡和尙 / 349
남해南海 / 237
노인성老人星 / 141
녹파綠坡 / 237
『능엄경楞嚴經』/ 160

다가茶歌 / 248
『대각국사집大覺國師集』/ 278
대둔사大芚寺 / 119
대운 상인大雲上人 / 360
대월루對月樓 / 128
대정 산방굴사大靜山房窟寺 / 333
도갑사道岬寺 / 360
『도서都序』/ 56
도선 국사道詵國師 / 61, 103
도암道庵 / 237
동리사桐裏寺 / 317
동야東野 / 120
동일 상인東一上人 / 164

두륜봉頭輪峰 / 304
두륜산頭輪山 / 57, 362
두륜산 십경頭輪山十景 / 177
두륜산월가頭輪山月歌 / 357

만대봉萬代峰 / 103
만일암挽日庵 / 188, 295, 364
만일암 잡영挽日庵雜咏 / 318
만화萬化 / 237
매소 선사梅巢禪師 / 47
명진冥眞 / 237
목환자木槵子 / 157
무설천無說泉 / 159
무송撫松 / 237
무염無染 / 237
무위 형無爲兄 / 139
무흡 상인武洽上人 / 270
물염정勿染亭 / 377
미황사美黃寺 / 370
민 공閔公 / 207

박노하朴蘆河 / 213
박매계朴梅溪 / 222
박우곡朴愚谷 / 328
박 처사朴處士 / 232
백겸산白兼山 / 115
백다천白茶泉 / 115
백련白蓮 / 237

백련사白蓮社 / 158, 336, 350, 379
백설白雪 / 237
백오재栢塢齋 / 132
백파白坡→신헌구申獻求(백파 거사白坡居士)
백화白華 / 237
범해 각안梵海覺岸 / 185, 203, 380
법한 상인法翰上人 / 187
법해 장로法海長老 / 137
『법화경法華經』 / 158, 189
벽해碧海 / 237
벽허碧虛 / 237
보길도甫吉島 / 298
보림사寶林寺 / 361
보운각寶運閣 / 296
봉화奉和 / 160
부흔富昕 / 50

『사기史記』 / 299
『사십이장경四十二章經』 / 342, 346
「사십이장경 과평四十二章經科評」 / 343
산거시山居詩 / 35
산수가山水歌 / 243
『삼경 합부 과기三經合部科記』 / 346
삼성혈三姓穴 / 88
삼의三衣 / 30, 32
삼의가三衣歌 / 233
상월霜月 / 237
서율瑞律 / 80
석남도石南島 / 274
석옥 화상石屋和尙 / 35
석왕사釋王寺 / 287

석행 상인錫幸上人 / 206
선암사仙巖寺 / 278
『선요禪要』 / 56
선우善愚 / 123
선유善裕 / 57, 58
설봉雪峯 / 237
설암雪巖 / 237
성도암成道菴 / 371
성주聖珠 / 237
소실산少室山 / 57
손 좌수孫座首 / 47
송광사 임경당松廣寺臨鏡堂 / 282
송태회宋泰會 / 30, 380
송파松坡 / 100
수로왕릉首露王陵 / 300
수상 규태水相圭泰 / 199
수옥계漱玉溪 / 72
순성 상인順成上人 / 287
순화順和 / 211
신헌구申獻求(백파 거사白坡居士) / 99, 100, 337
심난소沈蘭沼 / 127
〈십팔나한도十八羅漢圖〉 / 341
쌍계사雙溪寺 / 70, 111

안기선安期仙 / 158
안 산림安山林 / 81
애월진涯月鎭 / 332
양백오梁栢塢 / 129
양악羊岳 / 237
여서도餘鼠島 / 86

연담 유일蓮潭有一 / 203, 237
연북정戀北亭 / 92
연순延淳 / 226
연신각戀宸閣 / 89
연파蓮坡 / 237
연해燕海 / 237
영곡靈谷 / 237
영산 선백影山禪伯 / 125
영송靈松 / 237
영순永淳 / 61
영주瀛洲 / 86
영주십경瀛洲十景 / 173
영준英俊 / 62
영찬永贊 / 65
영해瀛海 / 86
옥도玉島 / 273
완공阮公→추사 김정희秋史金正喜
완도 원동莞島院洞 / 271
완월玩月 / 380
완호玩虎 / 237, 261
용곡龍谷 / 237
용악龍岳 / 73
용암 화상庸庵和尙 / 335
운담 장로雲潭長老 / 203
운암雲巖 / 237
운주동運舟洞 / 356
원해 강백圓海講伯 / 134
원호院湖 / 75
원효대元曉臺 / 141
월여 선백月如禪伯 / 217
월저月渚 / 237
월출산月出山 / 55, 82
월파月坡 / 237
월해月海 / 237

『유교경遺教經』 / 342, 346
「유교경 과평遺教經科評」 / 344
『유마경維摩經』 / 190
유마힐維摩詰 / 63
유위계劉韋溪 / 182
윤고산尹孤山(윤선도尹善道) / 352
윤백은尹白隱 / 223
윤성문尹成文 / 286
윤송하尹松下 / 172
윤해고尹海皐 / 195
은암銀巖 / 237
은적사隱跡寺 / 124
은적암隱跡庵 / 103
은해사銀海寺 / 55, 270
응성應星 / 237
응하應河 / 184
응현應玄 / 60
응화 강주應化講主 / 131
의상대義湘臺 / 141
의암義庵 / 237
이돈상李敦相(어사御使) / 143
이동루李東樓 / 367
이송파李松坡 / 118, 168
이용관李容觀(수상水相) / 197
이운포李雲圃 / 166
이침산李枕山 / 330
이학봉李鶴峯 / 83
익운 상인翼雲上人 / 165
인물가人物歌 / 238
인월印月 / 380
인정仁正 / 210
인학仁學 / 53
인화仁和 / 209
일로향실一爐香室 / 97

임남고林南皐 / 219
임취정林翠亭 / 67, 68

장남사張藍史 / 350
장 비장張裨將 / 186
장춘원長春園 / 62
재연在演 / 51
재윤在允(사미, 상인) / 183, 351
재현在玄 / 161
재환在煥 / 54
적련암赤蓮庵 / 167, 188
전송촌田松村 / 219
전의典毅 / 56
정기正己 / 82
정암靜巖 / 237
정월定月 / 237
정유상丁維桑 / 367
정의현旌義縣 / 91
정치은鄭痴隱 / 66
제주 관덕정濟州觀德亭 / 374
제주 대정군濟州大靜郡 / 266
조계산曹溪山 / 134
조계암曹溪庵 / 113
조 만호曹萬戶 / 215
조 사백曹詞伯 / 170
조 시찰사曹視察使 / 221
조신암趙信庵 / 41
조인조曹仁祚 / 180
조행탄趙杏綻 / 223
주완섭朱完燮 / 380
준원俊圓 / 48

중봉中峯 / 237
중부中孚→초의 의순草衣意恂
지운 상인志運上人 / 228
지월智月 / 237
진남대鎭南臺 / 366
진도군 조도珍島郡鳥島 / 272
진봉珍峯 / 237
진불암眞佛庵 / 169
진학進學 / 63

찬민贊敏 / 163
찬의 상인讚儀上人 / 188
채제암蔡霽巖 / 77
처감 상인處鑑上人 / 181
처운處耘 / 59
천보루天保樓 / 95
천 아사千雅士 / 214
천우天祐 / 192
철선鐵船 / 237, 238, 244, 369
첨찰산尖察山 / 77, 103
청련靑蓮 / 237
청봉 장로淸峰長老 / 138
청하 장로靑霞長老 / 218
청허淸虛 / 237
청허집淸虛集 / 311
초의 의순草衣意恂 / 43, 47, 79, 90, 233,
    237, 261, 283, 341, 364
촉석루矗石樓 / 372
최매은崔梅隱 / 67, 68
최석치崔石痴 / 196, 205
최유재崔裕齋 / 224

추사 김정희秋史金正喜 / 90
칠불암七佛菴 / 354
칠성암七星庵 / 85
침계루枕溪樓 / 281

쾌년각快年閣 / 171, 172, 220

탄보묘誕報廟 / 112
탐라국耽羅國 / 87
태연泰演 / 55
태우 상인泰愚上人 / 227
통도사 자장굴通度寺慈藏窟 / 301

팔음체八音體 / 290
풍담楓潭 / 237
『필삭기筆削記』 / 160
필연 상인弼演上人 / 317
필훤弼暄 / 52

하의荷衣 / 233
하태도下台島 / 286

학잠學箴 / 284
함월涵月 / 237
해안海眼 / 57
해언海彦 / 57
해화海化 / 58
행영行英 / 225
허만택許萬澤 / 280
허백虛白 / 237
허소치許小痴 / 115, 347
허정虛靜 / 237
허청虛淸 / 58
현해懸解 / 237
호암虎巖 / 237
호은당虎隱堂 / 227
호의縞衣 / 233, 261
홍경사弘慶寺 / 375
홍파 상인洪波上人 / 204
화악華岳 / 237
화암사花巖寺 / 96
환성喚惺 / 237
황반계黃磻溪 / 105
회광 장로晦光長老 / 216
회문回文 / 279
흥국사興國寺 / 335
흥운 선백興雲禪伯 / 46

한글본 한국불교전서

조·선·출·간·본

조선1 작법귀감
백파 긍선 | 김두재 옮김 | 신국판 | 336쪽 | 18,000원

조선2 정토보서
백암 성총 | 김종진 옮김 | 4X6판 | 224쪽 | 12,000원

조선3 백암정토찬
백암 성총 | 김종진 옮김 | 4X6판 | 156쪽 | 9,000원

조선4 일본표해록
풍계 현정 | 김상현 옮김 | 4X6판 | 180쪽 | 10,000원

조선5 기암집
기암 법견 | 이상현 옮김 | 신국판 | 320쪽 | 18,000원

조선6 운봉선사심성론
운봉 대지 | 이종수 옮김 | 4X6판 | 200쪽 | 12,000원

조선7 추파집·추파수간
추파 홍유 | 하혜정 옮김 | 신국판 | 340쪽 | 20,000원

조선8 침굉집
침굉 현변 | 이상현 옮김 | 신국판 | 300쪽 | 17,000원

조선9 염불보권문
명연 | 정우영·김종진 옮김 | 신국판 | 224쪽 | 13,000원

조선10 천지명양수륙재의범음산보집
해동사문 지환 | 김두재 옮김 | 신국판 | 636쪽 | 28,000원

조선11 삼봉집
화악 지탁 | 김재희 옮김 | 신국판 | 260쪽 | 15,000원

조선12 선문수경
백파 긍선 | 신규탁 옮김 | 신국판 | 180쪽 | 12,000원

조선13 선문사변만어
초의 의순 | 김영욱 옮김 | 4X6판 | 192쪽 | 11,000원

조선14 부휴당대사집
부휴 선수 | 이상현 옮김 | 신국판 | 376쪽 | 22,000원

조선15 무경집
무경 자수 | 김재희 옮김 | 신국판 | 516쪽 | 26,000원

조선16 무경실중어록
무경 자수 | 성재헌 옮김 | 신국판 | 340쪽 | 20,000원

조선17 불조진심선격초
무경 자수 | 성재헌 옮김 | 신국판 | 168쪽 | 11,000원

조선18 선학입문
김대현 | 성재헌 옮김 | 신국판 | 240쪽 | 14,000원

조선19 사명당대사집
사명 유정 | 이상현 옮김 | 신국판 | 508쪽 | 26,000원

조선20 송운대사분충서난록
신유한 엮음 | 이상현 옮김 | 신국판 | 324쪽 | 20,000원

조선21 의룡집
의룡 체훈 | 김석균 옮김 | 신국판 | 296쪽 | 17,000원

조선22 응운공여대사유망록
응운 공여 | 이대형 옮김 | 신국판 | 350쪽 | 20,000원

조선23 사경지험기
백암 성총 | 성재헌 옮김 | 신국판 | 248쪽 | 15,000원

조선24 무용당유고
무용 수연 | 이상현 옮김 | 신국판 | 292쪽 | 17,000원

조선25 설담집
설담 자우 | 윤찬호 옮김 | 신국판 | 200쪽 | 13,000원

조선26 동사열전
범해 각안 | 김두재 옮김 | 신국판 | 652쪽 | 30,000원

조선27 청허당집
청허 휴정 | 이상현 옮김 | 신국판 | 964쪽 | 47,000원

조선28 대각등계집
백곡 처능 | 임재완 옮김 | 신국판 | 408쪽 | 23,000원

조선29 반야바라밀다심경약소연주기회편
석실 명안 엮음 | 강찬국 옮김 | 신국판 | 296쪽 | 17,000원

| 조선 30 | 허정집
허정 법종 | 성재헌 옮김 | 신국판 | 488쪽 | 25,000원

| 조선 31 | 호은집
호은 유기 | 김종진 옮김 | 신국판 | 264쪽 | 16,000원

| 조선 32 | 월성집
월성 비은 | 이대형 옮김 | 4X6판 | 172쪽 | 11,000원

| 조선 33 | 아암유집
아암 혜장 | 김두재 옮김 | 신국판 | 208쪽 | 13,000원

| 조선 34 | 경허집
경허 성우 | 이상하 옮김 | 신국판 | 572쪽 | 28,000원

| 조선 35 | 송계대선사문집 · 상월대사시집
송계 나식 · 상월 새봉 | 김종진 · 박재금 옮김 | 신국판 | 440쪽 | 24,000원

| 조선 36 | 선문오종강요 · 환성시집
환성 지안 | 성재헌 옮김 | 신국판 | 296쪽 | 17,000원

| 조선 37 | 역산집
영허 선영 | 공근식 옮김 | 신국판 | 368쪽 | 22,000원

| 조선 38 | 함허당득통화상어록
득통 기화 | 박해당 옮김 | 신국판 | 300쪽 | 18,000원

| 조선 39 | 가산고
월하 계오 | 성재헌 옮김 | 신국판 | 446쪽 | 24,000원

| 조선 40 | 선원제전집도서과평
설암 추붕 | 이정희 옮김 | 신국판 | 338쪽 | 20,000원

| 조선 41 | 함홍당집
함홍 치능 | 성재헌 옮김 | 신국판 | 348쪽 | 21,000원

| 조선 42 | 백암집
백암 성총 | 유호선 옮김 | 신국판 | 544쪽 | 27,000원

| 조선 43 | 동계집
동계 경일 | 김승호 옮김 | 신국판 | 380쪽 | 22,000원

| 조선 44 | 용암당유고 · 괄허집
용암 체조 · 괄허 취여 | 김종진 옮김 | 신국판 | 404쪽 | 23,000원

| 조선 45 | 운곡집 · 허백집
운곡 충휘 · 허백 명조 | 김재희 · 김두재 옮김 | 신국판 | 514쪽 | 26,000원

| 조선 46 | 용담집 · 극암집
용담 조관 · 극암 사성 | 성재헌 · 이대형 옮김 | 신국판 | 520쪽 | 26,000원

| 조선 47 | 경암집
경암 응윤 | 김재희 옮김 | 신국판 | 300쪽 | 18,000원

| 조선 48 | 석문상의초 외
벽암 각성 외 | 김두재 옮김 | 신국판 | 338쪽 | 20,000원

| 조선 49 | 월파집 · 해붕집
월파 태율 · 해붕 전령 | 이상현 · 김두재 옮김 | 신국판 | 562쪽 | 28,000원

| 조선 50 | 몽암대사문집
몽암 기영 | 이상현 옮김 | 신국판 | 348쪽 | 21,000원

| 조선 51 | 징월대사시집
징월 정훈 | 김재희 옮김 | 신국판 | 272쪽 | 16,000원

| 조선 52 | 통록촬요
엮은이 미상 | 성재헌 옮김 | 신국판 | 508쪽 | 26,000원

| 조선 53 | 충허대사유집
충허 지책 | 성재헌 옮김 | 신국판 | 296쪽 | 18,000원

| 조선 54 | 백열록
금명 보정 | 김종진 옮김 | 신국판 | 364쪽 | 22,000원

| 조선 55 | 조계고승전
금명 보정 | 김용태 · 김호귀 옮김 | 신국판 | 384쪽 | 22,000원

신 · 라 · 줄 · 간 · 본

| 신라 1 | 인왕경소
원측 | 백진순 옮김 | 신국판 | 800쪽 | 35,000원

| 신라 2 | 범망경술기
승장 | 한명숙 옮김 | 신국판 | 620쪽 | 28,000원

| 신라 3 | 대승기신론내의약탐기
태현 | 박인석 옮김 | 신국판 | 248쪽 | 15,000원

| 신라 4 | 해심밀경소 제1 서품
원측 | 백진순 옮김 | 신국판 | 448쪽 | 24,000원

| 신라 5 | 해심밀경소 제2 승의제상품
원측 | 백진순 옮김 | 신국판 | 508쪽 | 26,000원

| 신라 6 | 해심밀경소 제3 심의식상품
　　　　　　　　　 제4 일체법상품
원측 | 백진순 옮김 | 신국판 | 332쪽 | 20,000원

| 신라 12 | 무량수경연의술문찬
경흥 | 한명숙 옮김 | 신국판 | 800쪽 | 35,000원

| 신라 13 | 범망경보살계본사기 상권
원효 | 한명숙 옮김 | 신국판 | 272쪽 | 17,000원

| 신라 14 | 화엄일승성불묘의
견등 | 김천학 옮김 | 신국판 | 264쪽 | 15,000원

| 신라 15 | 범망경고적기
태현 | 한명숙 옮김 | 신국판 | 612쪽 | 28,000원

| 신라 16 | 금강삼매경론
원효 | 김호귀 옮김 | 신국판 | 666쪽 | 32,000원

| 신라 17 | 대승기신론소기회본
원효 | 은정희 옮김 | 신국판 | 536쪽 | 27,000원

| 신라 18 | 미륵상생경종요 외
원효 | 성재헌 외 옮김 | 신국판 | 420쪽 | 22,000원

| 신라 19 | 대혜도경종요 외
원효 | 성재헌 외 옮김 | 신국판 | 256쪽 | 15,000원

| 신라 20 | 열반종요
원효 | 이평래 옮김 | 신국판 | 272쪽 | 16,000원

| 신라 21 | 이장의
원효 | 안성두 옮김 | 신국판 | 256쪽 | 15,000원

| 신라 22 | 본업경소 하권 외
원효 | 최원섭 · 이정희 옮김 | 신국판 | 368쪽 | 22,000원

| 신라 23 | 중변분별론소 제3권 외
원효 | 박인성 외 옮김 | 신국판 | 288쪽 | 17,000원

| 신라 24 | 지범요기조람집
원효 · 진원 | 한명숙 옮김 | 신국판 | 310쪽 | 19,000원

| 신라 25 | 집일 금광명경소
원효 | 한명숙 옮김 | 신국판 | 636쪽 | 31,000원

고 · 려 · 출 · 간 · 본

| 고려 1 | 일승법계도원통기
균여 | 최연식 옮김 | 신국판 | 216쪽 | 12,000원

| 고려 2 | 원감국사집
충지 | 이상현 옮김 | 신국판 | 480쪽 | 25,000원

| 고려 3 | 자비도량참법집해
조구 | 성재헌 옮김 | 신국판 | 696쪽 | 30,000원

| 고려 4 | 천태사교의
제관 | 최기표 옮김 | 4X6판 | 168쪽 | 10,000원

| 고려 5 | 대각국사집
의천 | 이상현 옮김 | 신국판 | 752쪽 | 32,000원

| 고려 6 | 법계도기총수록
저자 미상 | 해주 옮김 | 신국판 | 628쪽 | 30,000원

| 고려 7 | 보제존자삼종가
고봉 법장 | 하혜정 옮김 | 4X6판 | 216쪽 | 12,000원

| 고려 8 | 석가여래행적송 · 천태말학운묵화상경책
운묵 무기 | 김성옥 · 박인석 옮김 | 신국판 | 424쪽 | 24,000원

| 고려 9 | 법화영험전
요원 | 오지연 옮김 | 신국판 | 264쪽 | 17,000원

| 고려 10 | 남명천화상송증도가사실
□련 | 성재헌 옮김 | 신국판 | 418쪽 | 23,000원

| 고려 11 | 백운화상어록
백운 경한 | 조영미 옮김 | 신국판 | 348쪽 | 21,000원

※ 한글본 한국불교전서는 계속 출간됩니다.

범해 각안梵海覺岸
(1820~1896)

호는 범해梵海, 자는 환여幻如, 법명은 각안覺岸이다. 속성은 최씨이며 전라남도 완도 출신이다. 14세에 두륜산 대둔사의 호의縞衣 선사에게 출가하고, 16세에 하의荷衣 선사에게 수계하였으며 또 초의艸衣 율사에게 구족계를 받았다. 27세에 호의 선사의 인가를 받은 후 진불암眞佛庵과 상원암上院庵에서 6년간 강설을 펴 대둔사 12종사宗師의 법손으로 인정받았다. 저술에는『경훈기警訓記』·『유교경기遺敎經記』·『사십이장경기四十二章經記』등 다수가 있는데, 현재 전하는 것으로는『동사열전東師列傳』·『범해선사시집梵海禪師詩集』·『범해선사문집梵海禪師文集』이 있다.

옮긴이 김재희

전남대학교 중어중문학과를 졸업하고 한학자 만취晩翠 위계도魏啓道 선생으로부터 가르침을 받았다. 현재 광주 백천서당百千書堂에서 후학을 양성하고 있다.『한국불교전서』역서로『삼봉집三峰集』,『무경집無竟集』,『운곡집雲谷集』,『경암집鏡巖集』,『징월대사시집澄月大師詩集』등이 있다.

증의
이종찬(동국대학교 국어국문·문예창작학부 명예교수)